JOSÉ LUIS VÁZQUEZ BORAU

CHARLES DE FOUCAULD: ENCONTRAR A DIOS EN EL DESIERTO

CAMINO DE DAMASCO

07

DIGITAL REASONS

Colección: CAMINO DE DAMASCO
Director de la colección: Emilio Chuvieco
© Autor: José Luis Vázquez Borau
© Digital Reasons, 2019
www.digitalreasons.es
info@digitalreasons.es
Antonio Cumella, 16 - 28030 Madrid (España)

Diseño de cubierta: Enrique Chuvieco, portada imagen Wikimedia
Diseño de interior: Enrique Chuvieco
ISBN: 978-84-120315-5-3
Depósito legal: M-29897-2019

Ficha bibliográfica: Vázquez Borau, José Luis: *Charles de Foucauld: encontrar a Dios en el desierto*, Madrid 2019 (España).

Impresión: Publicep. El papel utilizado en la impresión de este libro tiene certificación ambiental FSC y están libres de cloro. Los residuos de la producción se gestionan por empresas certificadas ambientalmente

Impreso en España

«Con el toque del cincel la piedra cruda y fría se convierte en un molde viviente. Cuanto más se gasta el mármol, más crece la estatua»

Miguel Ángel Buonarotti (1475-1564)

ÍNDICE

INTRODUCCIÓN

Hemos titulado este libro *Charles de Foucauld, Encontrar a Dios en desierto* con la intención de mostrar que el proceso del encuentro con el Señor Jesús y con los hermanos implica un camino y una conversión. La palabra «camino» en el Evangelio de Lucas, que incluye su Evangelio y los Hechos de los apóstoles, la emplea el autor como medio que le permite situar adecuadamente la obra de Jesús, el puesto de la Iglesia y la tarea que está llamada a realizar. «El concepto, tanto en el AT y judaísmo como en el NT, tiene sentido ético, pero en Lucas adquiere además sentido soteriológico, pues es el camino de la salvación (He 16,17), el camino del Señor (He 18,25), el camino de Dios (He 18,26)»[1]. Así, pues, la palabra «camino» sugiere movimiento entre dos puntos mutuamente relacionados, uno como punto de partida y otro como punto de llegada. Y la palabra «conversión», en el lenguaje bíblico, expresa la idea de un cambio radical de dirección. San Pablo recuerda que los dos elementos fundamentales de la conversión son el regreso a Dios y el cambio del modo de vida: «Les he predicado que se arrepientan y se conviertan a Dios observando una conducta de arrepentimiento sincera»[2]. Pablo subraya aquí que, si falta un cambio real de vida, la conversión es ilusoria y vana. San Juan presenta la conversión como un nuevo nacimiento, un pasaje de las tinieblas a la luz. Como podemos ver en el texto que viene a continuación de San Agustín, que muestra bien el contenido de la conversión y que se conoce como Tarde te amé:

Habiéndome convencido de que debía volver a mí mismo, penetré en mi interior, siendo tú mi guía, y ello me fue posible porque tú, Señor, me socorriste. Entré, y vi con los ojos de mi alma, de un modo u otro, por encima de la capacidad de es-

---

1   A. RODRIGUEZ CARMONA, *El cristianismo naciente*, BAC, Madrid 2018, 226

2   He 26,20

tos mismos ojos, por encima de mi mente, una luz inconmutable; no esta luz ordinaria y visible a cualquier hombre, por intensa y clara que fuese y que lo llenara todo con su magnitud. Se trataba de una luz completamente distinta. Ni estaba por encima de mi mente, como el aceite sobre el agua o como el cielo sobre la tierra, sino que estaba en lo más alto, ya que ella fue quien me hizo, y yo estaba en lo más bajo, porque fui hecho por ella. La conoce el que conoce la verdad.

¡Oh eterna verdad, verdadera caridad y cara eternidad! Tú eres mi Dios, por ti suspiro día y noche. Y, cuando te conocí por vez primera, fuiste tú quien me elevó hacia ti, para hacerme ver que había algo que ver y que yo no era aún capaz de verlo. Y fortaleciste la debilidad de mi mirada irradiando con fuerza sobre mí, y me estremecí de amor y de temor; y me di cuenta de la gran distancia que me separaba de ti, por la gran desemejanza que hay entre tú y yo, como si oyera tu voz que me decía desde arriba: «Soy alimento de adultos: crece, y podrás comerme. Y no me transformarás en sustancia tuya, como sucede con la comida corporal, sino que tú te transformarás en mí.

Y yo buscaba el camino para adquirir un vigor que me hiciera capaz de gozar de ti, y no lo encontraba, hasta que me abracé al mediador entre Dios y los hombres, el hombre Cristo Jesús, el que está por encima de todo, Dios bendito por los siglos, que me llamaba y me decía: Yo soy el camino, la verdad y la vida, y el que mezcla aquel alimento, que yo no podía asimilar, con la carne, ya que la Palabra se hizo carne, para que, en atención a nuestro estado de infancia, se convirtiera en leche tu sabiduría, por la que creaste todas las cosas.

¡Tarde te amé, Hermosura tan antigua y tan nueva, tarde te amé! Y tú estabas dentro de mí y yo fuera, y así por fuera te buscaba; y, deforme como era, me lanzaba sobre estas cosas hermosas que tú creaste. Tú estabas conmigo, más yo no estaba contigo. Reteníanme lejos de ti aquellas cosas que, si no estuviesen en ti, no existirían. Me llamaste y clamaste, y quebrantaste mi sordera; brillaste y resplandeciste, y curaste mi ceguera; exhalaste tu perfume, y lo aspiré, y ahora te anhelo; gusté de ti, y ahora siento hambre y sed de ti; me tocaste, y deseé con ansia la paz que procede de ti.[3]

---

3 SAN AGUSTÍN, *Confesiones, libro VII*, cc10 y 18; libro X, c.27,

El camino del seguimiento de Jesús, el Resucitado, es un proceso, que implica, en primer lugar, una búsqueda apasionada de la verdad, que origina un cambio radical de vida, que no cesa a lo largo de toda nuestra existencia y que tiene momentos álgidos de conversión, donde el desierto ha jugado un papel importante, hasta que el Espíritu de Jesús Resucitado se adueña de todo nuestro ser. En las siguientes páginas vamos a ver cómo ha sido este camino de conversión en Charles de Foucauld en seis capítulos: 1º. Su vida antes de la conversión; 2º. Los acontecimientos previos a la conversión; 3º. Su conversión radical a Dios; 4º. Su conversión radical a los hermanos; 5º. Su peculiar manera de evangelizar; y, finalmente, como conclusión,6º Los frutos de su entrega.

Hemos incluido un mapa de Argelia al inicio de este libro para situar al lector sobre los lugares que visitó y donde vivió Foucauld buena parte de su vida. Esto permite hacerse mejor idea de lo recóndito de algunos de ellos, muy alejados de los principales centros de la entonces colonia francesa.

---

citado según la Liturgia de las horas según el rito romano, t. IV, Coeditores litúrgicos, Barcelona 1984, 1.143s.

Mapa de Argelia tomado de http://www.mapa-del-mundo.es/ pais/grande/argelia/

I. SU VIDA ANTES DE LA CONVERSIÓN

En el converso Charles de Foucauld vamos a señalar dos conversiones, que corresponden al principal mandamiento de Jesús: Una en relación al amor de Dios y otra en relación al amor a los hermanos, pero en realidad constituyen una grande y única conversión en la búsqueda del Rostro de Cristo y del camino junto a Él. La primera conversión fundamental, fue el camino interior hacia el cristianismo, hacia el «sí» de la fe, que se produjo el 29 o el 30 de octubre de 1886. La segunda y la más definitiva, después de un seguimiento radical de Jesús de Nazaret, ocurrirá en diciembre de 1914 cuando caerá gravemente enfermo y será asistido y alimentado por sus amigos vecinos, los pobres tuareg. Vayamos por partes.

Tiempo de preparación

Charles Eugenio de Foucauld, hijo de Isabel de Morlet y Francisco Eduardo, vizconde de Foucauld de Pontbriand, nació el 15 de septiembre de 1858, en Estrasburgo. Su padre, Eduardo de Foucauld, tenía treinta y cinco años cuando se casó, en 1855, con Isabel de Morlet, de veintiséis, hija única de un coronel, director de las fortificaciones de Estrasburgo. Eduardo era entonces subinspector de Aguas y Bosques en esta ciudad desde 1852. Justo después del nacimiento de Charles es nombrado inspector en Wissembourg, pequeña ciudad a 60 km. al norte de Estrasburgo. En agosto de 1861, cuando Foucauld tiene ya tres años, tiene una hermana pequeña, María. La madrina de María es Inés, la hermana de Eduardo, que viene expresamente de París, y que está casada con un riquísimo banquero, Sigisbert Moitessier. Su primera infancia fue piadosa. La señora de Foucauld inclinaba a sus dos hijos a la piedad más con actos que con palabras, por eso este recuerdo no se borro jamás. Pero su padre tiene crisis depresivas. La familia Foucauld le hace venir a París donde es ingresado en una casa de salud en Charenton. El niño Foucauld, de cinco años, se encuentra ante una realidad muy difícil: su padre está lejos, en el hospital psiquiátrico; su madre se refugia, a finales de 1863 en Estrasburgo, en casa de su padre, que es el tutor de los dos niños, muriendo con treinta y cuatro años. Su padre muere el mismo año. Los huérfanos quedaron entonces confiados en manos de su abuelo Charles Gabriel de Morlet, coronel de ingenieros retirado, que contaba cerca de setenta años de edad. Charles resultaba del agrado del anciano militar. Era cariñoso, vivaracho en el juego, laborioso, muy bien dotado para el dibujo, guapo y de aspecto resuelto. Pero, al mismo tiempo, era muy sensible y la burla más inocente le enfurecía.

Tras la derrota de Francia en 1870, el coronel de Morlet se estableció en Nancy. Por sus propias cartas sabemos que Foucauld tomó devotamente su Primera Comunión. Le sostiene la fe de su familia, sobre todo de su abuelo y su prima María, a quien admira mucho. Estuvo en la Escuela Episcopal de San Arbogaat, dirigida por los sacerdotes de la diócesis de Estrasburgo, y más tarde se matricula en Santa Genoveva de París, viviendo en régimen de pensionado con los Jesuitas. Fue aquí, a la edad de diez y seis años, cuando Foucauld empezó a perder la costumbre del trabajo regular y ordenado, no tardando en perder la fe. En todo este proceso vital suyo podemos destacar como el campo afectivo, seriamente dañado, condiciona su vida.

Una adolescencia desastrosa

En 1874, cuando acaba de cumplir diez y siete años, entra en la escuela de la Rue des Postes, en el segundo curso de preparación para poder hacer el ingreso en la escuela militar de Saint-Cyr. Es un año desastroso momento en el que rechaza su fe de niño y toda creencia.

No tener ninguna fe; nada me parecía suficientemente probado; la fe que es igual en el seguimiento de todas las religiones tan diversas me parecía la condena de todas, vivía sin negar nada y sin creer en nada, desesperando de la verdad y no creyendo ni en Dios, ninguna prueba me parecía evidente [4].

El 11 de abril de 1874 María Moitessier se casa y se convierte en vizcondesa Olivier de Bondy. «María era, sin duda, humanamente, el lazo más fuerte que lo unía a todo lo que hasta entonces creía. Este lazo se rompe. ¿Qué vale al lado de un joven marido un primito, gentil y caritativamente querido? María se aleja y Charles se desvía de todo lo que ella le hacía

---

4   C. FOUCAULD, *Lettres à Henry de Castries*, Grasset, París 1938, 14 de agosto de 1951.

amar»[5]. Para Foucauld el noviazgo y casamiento de su prima, a la que consideraba como a su segunda madre, fue un golpe muy duro. El día de la boda fue para él un auténtico quebranto.

Esto explica que en 1876 fuese expulsado de la Rue des Postes por no hacer nada, pese a estar muy capacitado ya que había cursado favorablemente el bachillerato con catorce años; y, sobre todo, por ser un rebelde con ataques de cólera terribles.

Ingreso en la escuela militar de Saint Cyr

Foucauld regresa a Nancy a casa de su abuelo, el coronel Morlet, quien hubiera deseado que su nieto entrara en la Escuela Politécnica. Pero éste había optado por la vida fácil. Con aquella franqueza que constituyó uno de los rasgos invariables de su vida moral, declaró que prefería ingresar en la Escuela de Saint Cyr, porque las oposiciones a ésta exigían menos trabajo. Herido en su amor propio, se fue a París, donde trabajó sin tregua, preparando la prueba de entrada en Saint-Cyr, siendo admitido en la Escuela Militar en junio de 1876, con el número ochenta y dos, entre cuatrocientos doce, y consiguiendo así lo que deseaba. Estuvo a punto de ser rechazado en el examen médico, debido a su obesidad

____

5   M. CARROUGES, *Charles de Foucauld, explorateur mystique*, Cerf, París 1954, 16.

precoz. Son años de despreocupación. No trabaja, lleva una vida solitaria, pierde el tiempo, anda vagando, se entretiene con obras literarias y no encuentra sentido a la vida. El 25 de octubre firma en el ayuntamiento de Nancy su acta de alistamiento voluntario, prometiendo servir con fidelidad y honor durante cinco años a partir de esa fecha. El 27, por la tarde, deja Nancy y el 30 entra en la escuela militar especial, acabando de cumplir los dieciocho años.

Muerte de su abuelo

Con gran pesar, a los diecinueve años pierde a su abuelo, a quien admiraba mucho por su inteligencia y su ternura. Algo se rompe en él y su vida va a la deriva. De desesperación se abandona, se deja estar, va de fiesta en fiesta, derrochando la herencia de su abuelo. Su familia está muy triste. En 1878, Foucauld pasa de Saint Cyr a la Escuela de Caballería de Saumur. Allí comparte habitación con un compañero con quien se hizo amigo en Saint Cyr, Antonio de Vallombrosa, más tarde Marqués de Morés, destinado a tener una carrera brillante y breve, pues murió también asesinado en el desierto. Había un contraste notable entre Vallombrosa, en constante movimiento, buen mozo, deportista, y Foucauld, sedentario, apático, soñador. Sin embargo, por razones comunes o distintas, ambos eran queridos por los alumnos-oficiales.

Foucauld se vestía con una elegancia rebuscada, nada más fumaba cigarros de una marca determinada y derrochaba de tal manera que el señor Moitessier, su tío, se vio en la necesidad de proporcionarle un tutor judicial. Pese a todo, en octubre de 1879, termina sus estudios en Samur a los veinte años, quedando el último del grupo.

Mayoría de edad

El género de vida que llevó al salir de la Escuela de Caballería, no fue mucho más ordenado. Con la mayoría de edad puede recibir su herencia. Es enviado a una guarnición en Pont-a-Moussony, para sus permisos, alquila una habitación en París, en la calle La Boétie, donde organiza suntuosas fiestas. Lleva un tren de vida muy alto: tiene una criada, un coche, un caballo. Es un gourmet que invita a sus camaradas a su casa para degustar salchichas con foie-gras rociadas con licor, teniendo siempre su bolsa abierta para ellos. ¿Es feliz? En todo caso se divierte mucho, incluso si constata un cierto vacío cuando se encuentra solo en su pequeño apartamento, hace todo lo posible por llenar este vacío y este enojo. Es en este momento de su vida, 1880, cuando hace vida marital con Mini. Y justamente entonces, a finales de 1880, su regimiento, el 4° regimiento de los Cazadores de África, es llamado a servir en Argelia. Mini le sigue, desembarcando en Argel con el nombre de «Vizcondesa Charles de Foucauld». Él está tranquilo, se exhibe con ella. Las mujeres de los oficiales se quejan ante el Estado Mayor. En Bona, la antigua Hipona, a la que hizo célebre el obispo san Agustín, pasó Foucauld tres meses, parte de ellos bajo arresto reglamentario. Motivo: concubinato.

Rompe con su carrera

El ejército quiere poner fin a este escándalo: Empiezan a reprocharle que viva maritalmente con una joven, que se ha traído de Francia. Consejos, amonestaciones y al final orden de renuncia. Foucauld rechaza que se metan en sus asuntos. Recibe muy mal las advertencias y la posterior orden de su coronel: «Tiene que romper con su amante o abandonar el regimiento». ¿Qué hará Foucauld? No cede. Abandona a sus compañeros, rompe con su carrera y pide al ministerio la situación de retiro temporal pues no quiere someterse y deja el ejército. Se le pone como inactivo «por doble indisciplina de conducta notoria». Se embarca en marzo de 1881 hacia Marsella con Mini, instalándose la pareja en Evian, ciudad junto al lago de Ginebra, con baños y casino. Volvemos a encontrar aquí la importancia del nivel afectivo para Foucauld y su carácter indomable en aquello en lo que cree.

Se reincorpora al ejército

Allí estaba, lejos de los suyos, inútil, cuando, en la primavera de 1881 le llega la noticia de la insurrección de Bou-Amama, en el Sud-Oranés. El 4° regimiento de Cazadores tiene que a salir en campaña; sus compañeros van a luchar. Entonces, el teniente escribe inmediatamente al Ministro del Ejército. La carta señala que no puede soportar la idea de que sus compañeros van a estar en peligro y pide reintegrarse a su regimiento, aceptando todas las condiciones que se le impongan. La solicitud fue concedida y Foucauld regresó a Argelia para combatir contra Bou-Amama, de los Oulad-Si-di-Cheikh-Gharaba, líder argelino que agitaba las tribus y predicaba la guerra en el Sud-Oranés. En medio de los peligros y de las privaciones de las columnas expedicionarias, aquel literato juerguista se reveló como un soldado y un jefe; soportando alegremente las pruebas más duras, prescindiendo constantemente de sí mismo, ocupándose con abnegación de sus hombres. Aquí constatamos la otra cara de la moneda: en lo que Foucauld valora, se entrega completamente.

II. LOS ACONTECIMIENTOS PREVIOS A SU CONVERSIÓN

Los árabes habían producido una profunda impresión en él. Una vez dominada la insurrección, pidió licencia para realizar un viaje al Sur. No obteniendo licencia para esto, pide la excedencia y se instala en Argelia para preparar su gran viaje a Marruecos. Tenía veinticuatro años. Una cosa parece ya evidente: ha nacido para vivir en Oriente. Tenía en él esa vocación que nace como amor al silencio, al espacio, a lo imprevisto y a lo primitivo de la vida, así como también al misterio que se adivina en las personas. ¿Qué va a hacer? Se dedicaría a explorar Marruecos, país cerrado, desconfiado con el extranjero y tan próximo a nuestras costas. Se fue a Argel, se encerró en las bibliotecas, toma lecciones de árabe y entra en relación con las personas que podían prepararlo para una empresa audaz.

La elección del disfraz

Una de estas personas era Oscar Mac Carthy que conocía maravillosamente Argelia. Una de las cuestiones más importantes a resolver para el éxito del viaje a Marruecos era la elección del disfraz. Imposible penetrar en aquel país hostil sin ocultar su calidad de europeo. Sólo lo podían hacer los representantes de las distintas naciones, pero limitándose a seguir el «camino de las embajadas», que iba de la costa de Fez a Marrakech, sin poderse apartar un ápice del itinerario tradicional, espiados constantemente y reducidos a no conocer de Marruecos más que lo que les querían mostrar los funcionarios y familiares del sultán, obsesionados siempre por el temor de la conquista. Solamente dos indumentarias podían permitir cruzar por entre las tribus, ser admitido en los pueblos donde ningún europeo pusiera jamás los pies, y conversar con los marroquíes: la vestimenta árabe y la indumentaria judía, comerciantes tolerados y vigilados. Pero necesitaba un conocimiento extraordinario de las costumbres musulmanas o de las costumbres judías para no delatarse. Mac Carthy aconsejó la segunda solución y el joven oficial aceptó el consejo. Esta decisión de viajar disfrazado de judío, obligó al explorador a aprender el hebreo al mismo tiempo que el árabe y a estudiar, asimismo, las costumbres judías. Y fue también el señor Mac Carthy quien presentó al futuro guía, el rabino Mardoqueo, a Charles de Foucauld en la biblioteca de Argel.

El Islam le cautiva

Parte de Argel el 30 de junio de 1883 con una resolución absoluta de triunfar. Ya en camino, el 23 de agosto, le manda una carta a su hermana, que está muy inquieta, con la promesa de «hacer todo lo que pueda para volver lo más pronto posible, una vez cumplido el itinerario hasta el fin» [6]. Y también le escribe: «Cuando uno sale diciendo que va hacer una cosa, no hay que volver sin haberla hecho» [7]. A su vuelta, después de un año de terribles travesías a través de Marruecos, al encontrarse con su amigo, el duque de Fitz-James, le dirá estas breves palabras: «La cosa ha sido dura, pero muy interesante, y he triunfado» [8]. Así, con dos

6   C. FOUCAULD, *Lettres à Madame de Blic*, 23 de agosto 1883.

7   R. BAZIN, *Charles de Foucauld*, Plon, Paris 1921, 72.

8   *Cahiers Charles de Foucauld*, 27, 12.

palabras, definía su tenacidad y su voluntad de eficacia.

El relato publicado por el vizconde de Foucauld acerca de su exploración en Marruecos, empieza en Tánger y tiene la fecha del 20 de junio de 1883. Ahora bien, el viajero había salido de Argel el 10 de junio y, de acuerdo con sus proyectos, no debía penetrar por el norte en el imperio prohibido, sino buscar su camino por el Rif, cruzando la frontera argelino-marroquí. ¿Qué razones le han impedido hacerlo? ¿Qué ocurrió entre el 10 y el 20 de junio? No sabríamos nada de ello si, afortunadamente, al regresar a París, junto a sus familiares, el explorador no hubiese redactado para uno de sus sobrinos, en hojas que fueron encuadernadas junto con uno de los ejemplares del libro, cuáles fueron los preparativos y los incidentes del comienzo del viaje. Escribe el propio Foucauld:

El 10 de junio de 1883, a las cinco de la madrugada penetro en una vieja casa del barrio judío de Argel: es el domicilio del rabino Mardoqueo. Mi compañero de viaje vive allí, en una sola estancia, con su mujer y sus cuatro hijos. Me está esperando; allí tengo que abandonar mi vestimenta europea y ponerme la israelita: un largo camisón de mangas amplias, un pantalón de tela que llega a las rodillas, un chaleco turco de paño oscuro, un vestido blanco de mangas cortas y con capucha, medias blancas, sandalias, una gorra roja y un turbante negro están preparados para mí; eso constituye un traje judío medio argelino, medio sirio, adecuado a los diversos papeles que me veré obligado a representar...

Yo soy el rabino José Alemán, y he nacido en Moscovia, de donde me han echado las recientes persecuciones; en mi fuga, he ido primero a Jerusalén; después de pasar allí unos días piadosamente, me he dirigido al norte de África y ahora viajo a la aventura, pobre pero confiando en Dios; una estima recíproca me une a MordoqueoAbiSerour, sabio rabino como yo y que ha vivido largos años en Jerusalén. Mardoqueo viste ropas semejantes a las mías, lo que nos da cierto aire de familia; me dice que tengo cierto parecido con él y que, si llega a ser necesario, me hará pasar por un hijo suyo.

Tenemos poco equipaje; una bolsa y dos cajas; las cajas encierran: la primera, un botiquín que, si es preciso, me permitirá titularme como médico; la otra, un sextante, brújulas, barómetros, termóme-

tros, papel y mapas; la bolsa contiene un traje de recambio y una manta para cada uno de nosotros, utensilios de cocina y provisiones. En cuanto al dinero, llevo el equivalente a unos tres mil francos.. Es en esas condiciones que viajamos en dirección a Oran. Me dirijo a Oran porque quiero penetrar en Marruecos por tierra; mi proyecto consiste en dirigirme de Tlemcen a Tetuán cruzando la zona del Rif, que constituye todo el litoral entre la frontera argelina y Tetuán. De Oran me dirigiré a Tlemcen; una vez allí me informaré de los medios de viajar por el Rif...

16 y 17 de junio: Buscamos en vano el medio de penetrar en el Rif; muchos israelitas rifeños consultados declaran que no se puede entrar por Nemours más que bajo la protección de cierto jefe marroquí, que tal vez vendrá por aquí dentro de quince días o un mes o, acaso, más tarde... No quiero esperar, es mejor dirigirse a Tetuán por mar e iniciar el viaje desde allí; saldré para Tánger en el próximo barco...

20 de junio: Salida de Gibraltar a mediodía; llegada a Tánger a las dos cuarenta y cinco... Comienza aquí realmente mi via-

je, que se prolongó hasta el 23 de mayo de 1884[9]

Charles de Foucauld descubre, tanto entre los musulmanes como entre los judíos, la ley sagrada de la hospitalidad. Es algo totalmente nuevo para él. Hasta aquí el musulmán era «el enemigo». Ahora lo descubre como «el amigo».

El explorador

La obra Reconocimiento de Marruecos[10] es, ante todo, una obra científica, a un mismo tiempo militar y política. Las cualidades de orden y precisión que se observan en cada una de sus páginas son realmente sorprendentes, máxime cuando se piensa en todas las dificultades y en los peligros que corría el explorador si deseaba tomar notas. Estaba rodeado de personas que sospechan, y a veces adivinaban, su condición de europeo y, por tanto, en peligro constante. En Itinerarios en Marruecos, relata cómo pudo burlar la vigilancia de los testigos, o dejarlos a un lado. Se expresa así:

El disfraz de israelita no carecía de inconvenientes: andar descalzo por las calles de

9   R. BAZIN, *Carlos de Foucauld, explorador de Marruecos, ermitaño en el Sahara*, Difusión, Tucumán (Buenos Aires) 1930, 22-23.

10   CH. FOUCAULD, *Reconnaissance au Maroc*, Challamel, París 1888.

los pueblos y ciudades, y a veces en los jardines, recibir insultos y pedradas, no era nada; pero vivir constantemente con los judíos marroquíes, que, salvo contadas excepciones, eran los más despreciables y repugnantes de todos, constituía un suplicio intolerable. Me trataban como a hermano, con absoluta franqueza, vanagloriándose de actos criminales y confiándome sentimientos innobles. ¡Cuántas veces he lamentado que no fueran un poco hipócritas! Tantas molestias y disgustos se hallaban compensados por la facilidad de trabajar que me proporcionaba mi disfraz. De haberme fingido musulmán, hubiera tenido que vivir la vida común, siempre a plena luz y constantemente acompañado, sin un solo momento de soledad; siempre con los ojos puestos en mí; me hubiese sido difícil obtener informes y más difícil aún escribir al no poder utilizar mi instrumental. En cambio, haciéndome pasar por judío, si todo eso no resultaba fácil, por lo menos solía ser posible.

Reconocimiento de Marruecos es, también, un diario, ya que hay tantos capítulos como jornadas hubo en el viaje. Foucauld se detiene muy rara vez en hacer descripciones; y cuando lo hace es en pocas palabras, como un artista; en él, la simplificación del paisaje, la elección del término y cierta búsqueda discreta de armonía, revelan a una persona admirablemente dotada y que hubiera podido figurar ventajosamente entre los escritores que nos han ofrecido la imagen de países nuevos. Pero no se permite ceder a esa tendencia de su espíritu. Escribe con la intención bien definida, no de hacerse admirar, sino de servir a su país con vistas colonizadoras. Ya en esto, Foucauld es «el que prepara». Más tarde cuando reaparezca en África, lo hará también con la intención de ser el precursor del Evangelio, anunciándolo con el testimonio de su bondad.

Cuando llega a Mogador, el 28 de enero de 1883, se apresura a escribir a su hermana María, indicándole en primer lugar que no ha estado enfermo ni un sólo minuto y que nunca ha tenido el menor peligro. Esto último no era así exactamente. Agrega que cuatro mil francos de los seis mil que tenía a su disposición para el viaje, los ha gastado ya y que ahora viene a buscar los dos mil restantes, que dejó en reserva. Estas son sus palabras:

Al partir te dije: estaré un año ausente; en mi fuero interno creía no estar más de seis meses como máximo. Si te dije el doble fue para que no te intranquilizaras en el caso de que mi ausencia se prolongase; más he aquí que lo que te indiqué resulta ser la verdad; el viaje ha durado cerca de un año... Desde el punto de vista geográfico, el viaje va bastante bien...; en cambio, desde el punto de vista moral, resulta bastante triste: siempre sólo, sin una persona amiga con quien compartir... Sé que te alegrarás de recibir noticias mías y yo las tuyas. No temo más que una sola cosa: que me supliques dar por terminado mi viaje y regresar de inmediato. Sé razonable, te lo ruego; no precisaré relativamente más que muy poco tiempo para terminarlo y entonces habré realizado un hermoso viaje y llevado a cabo lo que quería. Cuando se parte anunciando que se va a hacer algo, no se debe regresar sin haberlo hecho...[11]

El 14 de marzo de 1884, una vez recibido el dinero, Foucauld, con el Jeque Bou Rhim, sale de Mogador en dirección a Tisint, por un camino distinto al que siguiera a la ida, donde llega el 31 de marzo. Al final de Reconocimiento de Marruecos, Foucauld, con ese mismo espíritu metódico tan remarcable ya en el relato mismo del viaje, redacta una segunda parte que titula: «Informaciones». En este apéndice, enteramente científico, se hallan reunidos los detalles que el viajero ha podido observar o recoger, acerca de los ríos y sus afluentes, las tribus y sus divisiones, observaciones astronómicas etc.

---

[11]   28 de enero de 1883.

Después de la exploración

Sigue apegado a su misma enfermedad que a la partida: la impaciencia, el ansia de vivir. Su pecado es no resignarse al tiempo. Foucauld quiere librarse de sus fracasos y brillar fuera de tiempo, justamente cuando sus límites lo encadenan: es prisionero de su voluntad de poder. ¿Cómo saldrá de esta situación? Después de pasar quince días en Argel, del 23 de mayo al 7 de junio, llega a París el 17 de junio, y, después de algunas visitas, va al castillo de Tuquet, en Gironda, residencia de verano de la señora Moitessier. Allí se encuentra con la señora de Bondy, su prima: «Tú fuiste tan bondadosa, en Tuquet, que otra vez fui capaz de ver y respetar el bien olvidado hacía diez años»[12].Su estancia allí durante tres semanas fue capital. Recupera el sentido del bien gracias a la amistad de su prima. Tiene la soledad en compañía de sus seres queridos. Charles de Foucauld es una persona que tiene necesidad de soledad, pero una soledad cargada de presencias queridas y silenciosas.

Propuesta de matrimonio

Después de un viaje a Alsacia, en agosto, y un periodo militar como oficial de reserva realizado en las Landas durante el mes de septiembre de

---

12   *Lettres à Madame de Bondy*, 20 de septiembre 1889.

1884, vuelve a finales de octubre a África, con el fin de poner en limpio sus notas de exploración y preparar otros viajes. En Argel conoce al comandante Titre, experto en geografía, y le pide consejo para sus futuras exploraciones. Conoce a la hija del comandante, de veintitrés años, y le gusta. Sin esperar más, Foucauld habla de matrimonio al comandante. De las conversaciones de la pareja recogemos lo que la señorita Titre nos dice referente a la fe de Foucauld:

Cuando nos casemos, me dijo un día, la dejaré completamente libre para hacer lo que quiera en cuestión de religión (la señorita Titre acababa de convertirse del protestantismo al catolicismo); en cuanto a mí, yo no la practicaré, porque no tengo fe [13].

Pero los encuentros fueron poco numerosos y todo se rompió en una semana, cuando la familia de Foucauld se opuso al matrimonio. De hecho, María de Bondy se lo desaconsejó claramente. Así se lo reconoce el mismo Foucauld:

Tenía necesidad de que alguien me librara de este matrimonio y tú me libraste [14].

13   *Cahiers Charles de Foucauld*, 25,38.

14   20 septiembre 1889.

Medalla de oro de la Sociedad de Geografía de París

Después de dos meses de trabajo, a finales de diciembre, Foucauld vuelve a Francia para la boda de su hermana María con el señor Raimond de Clic. Y en marzo de 1885, está de nuevo en Argel, a los veintiséis años de edad, para redactar el informe final del viaje. El 24 de abril el Sr. De Bondy, en nombre de su primo, recibe de Fernando Lesseps, en la Sociedad de Geografía, la medalla de oro que Foucauld había merecido. El redactor del informe, el Sr. Duveyrier declaró sobre el Reconocimiento de Marruecos que había estudiado:

En once meses, del 20 de junio de 1883 al 23 de mayo de 1884, un hombre solo, el vizconde de Foucauld, ha duplicado, por lo menos, la longitud de los itinerarios cuidadosamente trazados en Marruecos (ha explorado 3.000 kilómetros). Comprenderán ustedes que realmente se abre una nueva era; y no se sabe qué debemos admirar más; si esos resultados tan preciosos y tan útiles, o la dedicación, el valor y la abnegación ascética que han permitido a ese joven oficial francés llegar a obtenerlos .

La Sociedad de Geografía de París posee tres cuadernos de dibujos del vizconde de Foucauld, dibujos a lápiz realizados durante el viaje por Marruecos, que son 135 en total. El día que le fue otorgada la medalla de oro por esa Sociedad, el explorador se hallaba en Argel y el informante, Duveyrier, viajaba por Marruecos.

Su salud se resiente de la decisión penosa de la anulación de matrimonio y, al término de una larga convalecencia en Francia, emprende un nuevo viaje de estudios por el sur argelino-tunecino para comparar sus observaciones de Marruecos. De Tiaret a Ghardahia por Aflou, tiene oportunidad de llegar a El Golea, desde donde escribe al Sr. Duveyrier:

> *La relación de mi viaje a Marruecos está escrita desde finales de julio, pero antes de publicarla he querido, por deber de conciencia, recorrer las partes del Sahara argelino y tunecino que no conocía aún, a fin de darme cuenta de los puntos de semejanza que podían presentar con el Sahara marroquí* [15].

Sube luego por Ouargla y Touggourt hasta Túnez, recorriendo a caballo cerca de 2.000

15   R. POTTIER, *La vocation saharienne du Père de Foucauld*, Plon, París 1939, (Carta a M. Duveyrier, 12 de noviembre 1885) 56.

kilómetros en tres meses y medio (15 septiembre–31 diciembre de 1885). El 26 de octubre había escrito al Sr. Maunoir:

> *Pienso estar en París el 15 o el 20 de enero (1886) con el manuscrito preparado para la imprenta... Cuento pasar todo el invierno y hasta probablemente la primavera en París* [16].

Y en la fecha prevista se encuentra en París. El 28 de enero visita en Niza a su hermana María, que había tenido el 7 de octubre a su primer hijo. El 19 de febrero deja Niza por París, donde alquila una habitación en el número 50 de la calle de Miromesnil. Quiere concentrarse en su trabajo y preparar nuevas exploraciones. Se instala a lo árabe, sin cama, durmiendo con albornoz sobre el tapiz, y trabaja en gandourah, especie de blusa árabe. Vive a doscientos metros de la iglesia de Saint-Augustin y muy cerca de la calle de Anjou, palacio donde vive la señora Moitessier con sus dos hijas, las señoras de Bondy y de Flavigny, familia que le ayudará a encontrar su vocación. Encerrado en su casa todo el día, Foucauld escribe, tacha, consulta sus anotaciones y redacta el severo y magnífico libro que iba a divulgar su nombre entre todos los geógrafos del mundo.

---

16   Ibíd. 223-224.

El viaje a Marruecos lo conquista

La gran exploración de Marruecos le cambió profundamente. Nadie que conociese su pasado podía adivinar su tenacidad en proseguir su camino a pesar de los obstáculos de toda clase; su paciencia ante las injurias; su constancia en tomar diariamente notas y croquis, viajando o en los intervalos de descanso, poniendo en peligro su propia vida,; la rapidez en discernir las secretas disposiciones de espíritus tan distintos del suyo; semejante poder de voluntad en la soledad moral, un régimen tan austero, un trabajo tan constante, que revelan un dominio de sí mismo. Y también descubre a algunos musulmanes «viviendo continuamente en presencia de Dios», lo que le dejó «conturbado». Le conmueve el acogimiento de la gente, su fe en Dios manifestada sin vergüenza y su oración. Pero interiormente no se siente satisfecho.

III. SU CONVERSIÓN RADICAL A DIOS

De vuelta en París, empieza a entrar a la Iglesia dónde pasa largas horas repitiendo esta oración: «Dios mío, si existes, haz que te conozca». Su prima le aconseja ir a visitar el padre Huvelin, vicario de la parroquia de San Agustín, que resultará un encuentro decisivo en la vida de Foucauld, que viene de vivir un «acontecimiento sorprendente», del que nunca habló, pero que podemos pensar que la exploración a Marruecos fuese en si un choque. Este alejamiento, por corto que fuera, le hizo salir del ambiente familiar en el que se encogía. Así, contemplándola a cierta distancia, pudo acaso descubrir ante sus ojos más claramente la fe de los suyos. Y el hecho mismo de desarraigarse por un tiempo ¿no da la impresión de que una vida nueva puede iniciarse? Todas estas influencias son sólo preparaciones y no tienen, en sí mismas, el don de dar a conocer al mismo Dios. El alma de Foucauld, trabajada por la gracia, está simplemente más dispuesta a recibidlo, pero no tiene siquiera de Él una noción viva. Al comienzo de octubre de 1886, después de seis meses de vida de familia, admiraba, quería la virtud, pero no conocía a Dios.

Foucauld narra su propia conversión

El propio Foucauld cuenta su vuelta a Dios en dos escritos de género muy diferente: una meditación y una carta. El primer texto, la meditación, está sacado de un retiro hecho en Nazaret, entre el 5 y el 15 de noviembre de 1897, donde narra su conversión y la misericordia de Dios. Ninguno de los dos textos es un relato sistemático de conversión. Foucauld explica simplemente, sin artificios literarios, el encuentro que vivió una mañana de octubre de 1886, experiencia de la que continúa aún viviendo. Lo que le impulsa a hablar de este hecho es el reconocimiento de la misericordia divina para con él (Nazaret) o responder al ruego de un amigo. Así, pues, veamos en primer lugar la Meditación del 8 noviembre 1897:

Al comienzo de octubre de 1886, después de seis meses de vida de familia, yo admiraba y quería la virtud, pero no os conocía. ¿Por qué invenciones, Dios de bondad, os hicisteis conocer de mí? ¿De qué rodeos os servisteis? ¿De qué suaves y fuertes medios exteriores? ¿Por qué serie de circunstancias maravillosas, en que todo se juntó para empujarme hacia vos: soledad inesperada, emociones, enfermedades de seres queridos, sentimientos ardientes del corazón, retorno a París a consecuencia de un acontecimiento sorprendente? ¿Y qué gracias interiores? Esta necesidad de soledad, de recogimiento, de piadosas lecturas, esta necesidad de ir a vuestras iglesias, yo que no creía en Vos, esta turbación del alma, esta angustia, esta búsqueda de la verdad, esta oración: «Dios mío, si existes, manifiéstate!».

Todo esto, Dios mío, era obra vuestra, obra exclusivamente vuestra... Un alma hermosa os secundaba, pero por su silencio, por su dulzura, su bondad, su perfección. Se dejaba ver, era buena y esparcía su perfume atrayente, pero no obraba. Vos, Jesús mío, salvador mío, lo hacíais todo tanto por dentro como por fuera. Vos me habíais atraído a la virtud, por la belleza de un alma, cuya virtud me había parecido tan bella que arrebató irrevocablemente mi corazón...

Vos me atrajisteis a la verdad por la belleza de esta misma alma. Entonces me hicisteis cuatro gracias: La primera fue inspirarme este pensamiento: Puesto que esta alma es tan inteligente, la religión que cree tan firmemente no puede ser una locura, como yo pienso. La segunda fue inspirarme este otro pensamiento: Puesto que la religión no es una locura, ¿estará acaso en ella la verdad, que no se halla en ninguna otra sobre la tierra, ni en ningún sistema filosófico? La tercera fue decirme: «Estudiemos, pues, esta religión. Tomemos un profesor de religión católica, un sacerdote instruido, veamos lo que es y si hay que creer lo que dice». La cuarta fue la gracia incomparable de dirigirme, para mis lecciones de religión, a M. Huvelin. A1 hacerme entrar en su confesionario, uno de los últimos días de octubre, creo que entre el 27 y el 30, vos me disteis, Dios mío, todos los bienes. ¡Si hay alegría en el cielo por un pecador que se convierte, la hubo cuando me acerqué al confesionario!

¡Día bendito, día de bendición! Vos me pusisteis bajo las alas de este santo, y bajo ellas he seguido. Por su mano me habéis conducido y ello ha sido gracia sobre gracia. Yo le pedía lecciones de religión y él me hizo arrodillar y confesarme y me envió a comulgar inmediatamente.

Su conversión contada a un amigo

En una carta fechada en 14 de agosto de 1901, escrita a Henry de Castries, un amigo, de fe vacilante, con quien Foucauld entra de nuevo en relaciones después de más de quince años de silencio, le cuenta como recuperó la fe:

Mientras estaba en París, haciendo imprimir mi viaje a Marruecos, me encontré con personas muy inteligentes, muy virtuosas y muy cristianas. Entonces me dije —perdona mis expresiones, pues no hago sino repetir en voz alta mis pensamientos— que 'acaso aquella religión no era absurda'. Al mismo tiempo me impulsaba una gracia interior muy fuerte: empecé a ir a la iglesia sin tener fe, y no me hallaba bien más que allí, repitiendo durante largas horas esta extraña oración: 'Dios mío, si existes, haz que te conozca'. Me vino la idea de que era menester estudiar esta religión, donde acaso se encontraba la verdad de que yo desesperaba, y me dije que lo mejor era tomar lecciones de religión católica, como había tomado lecciones de árabe. Como había buscado un buen thaleb que me enseñara el árabe, busqué un sacerdote instruido que me informara sobre la religión católica...

Se me habló de un sacerdote muy distinguido, antiguo alumno de la escuela normal. Fui a verle a su confesionario, y le dije que no venía a confesarme, porque no tenía fe, pero que deseaba informarme algo sobre la religión católica.

Dios terminó la obra de mi conversión, que tan poderosamente había empezado par esta gracia interior tan fuerte que me impulsaba casi irresistiblemente a la Iglesia. El sacerdote, desconocido para mí, a quien Dios me había encaminado, que unía a una gran instrucción una virtud y una bondad más grandes aún, vino a ser mi confesor, y ha sido mi mejor amigo los quince años que han pasado desde entonces.

Apenas creí que había Dios, comprendí que no podía menos de vivir sólo por Él. Mi vocación religiosa data de la misma hora que mi fe. ¡Dios es tan grande! ¡Hay tanta diferencia entre Dios y todo lo que no es Él!

Ya sea por «un acontecimiento sorprendente», que no nos explica, ya por la «soledad inesperada» o por las «enfermedades de seres queridos», en referencia a la enfermedad de María de Bondy, su prima, en todo caso, durante este mes de octubre, siente un hambre extraordinaria de Dios y una profunda necesidad de dirigirse a Él. Entra en las iglesias y, durante horas, repite incansablemente una «oración extraña», a la vez que siente un cansancio inmenso. Foucauld reconoce que la primera gracia de Dios, en la que ve su primera aurora de su conversión, es haberle hecho experimentar su necesidad de Él y hacerle esta extraña oración: «Si existes, haz que te conozca». Para él, Dios no es ya únicamente, desde este momento, una verdad que aprender, sino una persona que encontrar, alguien que puede darse a conocer o negarse a ello. Sin embargo, esta oración no es en sí misma aún toda la conversión. La inteligencia se defiende. Quiere dar por sí misma el paso siguiente: Foucauld, que acaba de preguntarse si la verdad que busca no podría, en el fondo, hallarse en la religión católica, decide verificar esta hipótesis y, con este propósito, se pone a buscar un buen «profesor de religión católica». Busca, pues, un «sacerdote instruido». A quién escoger? Foucau1 piensa primero en no tomar lecciones particulares de un sacerdote, sino seguir unas clases. Ha oído hablar de las conferencias que el padre Huve1in da en la cripta de la iglesia de San Agustín y decide seguirlas. Pero cuando, durante una comida, María de Bondy dice que el padre Huvelin, enfermo, no podrá continuar las conferencias este año, y añade que ella lo siente mucho, su primo le dice que él también pensaba seguirlas.

¿Cómo ocurrieron las cosas?

Cuando se presentó al padre Huvelin, Foucauld no tenía intención de confesarse inmediatamente ni de comulgar. La vuelta a Dios en la iglesia de San Agustín fue inesperada. Es verdad que hubo una larga búsqueda que había durado largos meses, siendo la conversión el desenlace súbito que viene a irrumpir en esta larga búsqueda. Foucauld había imaginado un paciente encaminamiento intelectual en lugar de esta conclusión fulgurante. Por eso, en un plano humano, se halla como desarmado: se le coloca en una aventura que le sorprende mucho antes de lo que él había pensado, y vive esta aventura, inesperada, en el momento en que se le presenta.

El orgullo de Foucauld y su voluntad de poder se trasmutan, en adelante, en un ardor extremo de humildad, de abajamiento, de pobreza. Un texto, de Pentecostés de 1897, nos parece revelador de este gesto esencial de humildad que fue su conversión: «La fe, escribe, es incompatible con el orgullo, con la vanagloria, con el amor de la estima de los hombres. Para creer, hay que humillarse». Y, revelándonos lo que su conversión le mostró, añade: la fe «nos muestra la perfección en la imitación de un Dios que se abate en su vida oculta; que es perseguido, calumniado, burlado, despreciado, acusado en su vida pública». Durante toda su vida, Foucauld buscará por todos los medios posibles adorar y cumplir mejor la voluntad de Dios, humillándose.

Encuentro con Jesús Eucaristía

Hay otro aspecto importante en su conversión: el encuentro íntimo en la eucaristía con el Señor Jesús, el Verbo encarnado. Ahora bien, ¿qué aspecto de Jesús contempla especialmente? El aspecto de abatimiento y pobreza. Aquel a quien recibe, aquel en cuyo sacrificio comulga, después de su confesión, es Jesús, el pobre de Belén, el desconocido de Nazaret, el despreciado del Calvario, el que quiso entregarse hasta el extremo. Foucauld no tendrá más que un deseo: imitar a Jesús, imitarle más y más, anonadarse más y más con Él. Y en adelante Jesús es para Él el «modelo único». Para él no habrá más que una sola y misma búsqueda, que se desenvolverá sin cesar desde el día de su conversión hasta el día de su muerte, el día último, en que escribirá: «Nuestro aniquilamiento es el medio más poderoso que tenemos para unimos a Jesús y hacer bien a las almas» [17].

Comienza una búsqueda ardua y difícil para Foucauld de la voluntad de Dios.

Apenas creí que había un Dios, comprendí que no tenía otro remedio que vivir sólo para Él... Todos sabemos que el primer efecto del amor es la imitación; tenía, pues, que entrar en la orden en que hallara la más exacta imitación de Jesús [18]

En Roma, diez años más tarde, en diciembre de 1896, escribe en una meditación:

¡He aquí siempre este quid me vis facere que, desde hace diez años que me volvisteis al redil, desde que me convertisteis y, sobre todo, desde hace ocho

<hr>

17   *Carta a su prima la Sra. Bondy* el 1 de diciembre de 1916 día de su asesinato.

18   *Carta a Henry de Castries*, 14 agosto 1901.

años, vuelve tan a menudo, tan a menudo a mis labios!.

La importancia del director espiritual

En esta búsqueda larga y difícil, Charles es ayudado, durante veinticuatro años, por un guía de gran valía: el padre Huvelin, que será un amigo y un padre para el joven converso. Huvelin, a pesar de ser catedrático de historia y haber hecho estudios teológicos en Roma, había pedido insistentemente, desde su ordenación, en 1867, no ser profesor, sino coadjutor. Nombrado en octubre de 1868 para la parroquia de San Eugenio, es trasladado en 1875 a la parroquia de San Agustín, después de rechazar la cátedra de historia que le ofreció el recién fundado Instituto Católico de París. Será un simple coadjutor de la parroquia San Agustín, hasta su muerte en 1910.

Pero ¿qué es lo que quiere hacer el padre Huvelin? Injertar más y más en el alma de su dirigido un amor muy sencillo y muy ardiente a Jesucristo. Y cuando Foucauld quiera explicar lo que ha recibido de su director, hablará de este injerto paciente del amor a Jesús realizado en su alma, como le dice en una carta el 14 de junio de 1893:

El amor a Jesús que usted ha puesto en mi corazón, tanto como ha podido y con tanto cuidado.

En los primeros meses que siguen a la conversión, el papel del padre Huvelin consiste sobre todo en ayudarle a ver con más claridad la situación de su alma, que, después de doce años de anarquía, presenta un estado muy caótico. Pero este tiempo que siguió a la conversión significó, más que un trabajo negativo de superación de obstáculos y objeciones, un encadenamiento de gracias siempre crecientes. Un sermón del padre Huvelin pronunciado el 13 de diciembre de 1868 expresa lo esencial de su doctrina espiritual, que marcará profundamente a Foucauld:

Dios quiere hacernos ver que la pequeñez y la humildad son la condición de la grandeza. Jesucristo no quiso otra cosa para sí mismo. El grano de trigo no fructifica si no se echa en tierra.

Viaje a Tierra Santa

A finales del año 1887 y principios de 1888, aparecen en librería las obras del vizconde de Foucauld: Itinerarios en Marruecos y Reconocimiento de Marruecos, obteniendo un éxito notable. Foucauld quiere conocer Tierra Santa, el país de Jesús. El 2 de noviembre de 1888 se dirige a Tuquet, en Bordelais, y después a Nancy, para despedirse de su familia. Les dice que desea permanecer tan sólo algunas semanas en Palestina. Y se embarca en Marsella. A mediados de diciembre llega a Jerusalén, que encuentra cubierta de nieve; se entretiene recorriendo las calles, visitando iglesias, subiendo y bajando la cuesta del monte de los olivos; pasa la navidad en Belén y realiza luego una larga excursión a caballo por Galilea, acompañado de un guía. En sus cartas pone de manifiesto el impacto que le produjo Nazaret, donde medita la frase del padre Huvelin: *«Nuestro Señor vivió de tal modo el último lugar, que nadie ha podido arrebatárselo».*

Tiempo de decisiones

El viajero regresa a París a principios de marzo de 1889. Éste será el año de las decisiones. Desde el momento mismo de su conversión había sentido una llamada a la vida religiosa. Para ver qué camino tomar realiza cuatro retiros. En Pascua está en Solesmes con los benedictinos; en la fiesta de la Trinidad está en la sede de los Trapenses; el 20 de octubre va a Nuestra Señora de las Nieves y pasa una semana entera de meditación sin llegar todavía a decidirse. Finalmente, en la segunda mitad de noviembre, en Clamart escribe a su hermana:

Ayer he regresado de Clamart, donde, por fin, con la mayor paz y la máxima seguridad, siguiendo el consejo formal, completo y sin reservas del padre que me ha dirigido, he tomado la decisión que pienso desde hace mucho tiempo: es la de entrar en la Trapa. Ahora se trata ya de un asunto resuelto, en el que pensaba desde hace mucho tiempo. Estuve en cuatro monasterios; en los cuatro retiros se me ha dicho que Dios me llamaba y que me llamaba a la Trapa. Mi alma me impulsa hacia el mismo lugar y mi director es de la misma opinión... Se trata de algo resuelto y te lo anuncio como tal. Entraré en el monasterio de Nuestra Señora de las Nieves, donde estuve hace algún tiempo... ¿Cuándo? No está decidido aún; tengo que arreglar varias cosas y, sobre todo, ir a decirte adiós. Pero, de todos modos no tardaré mucho [19].

Había obtenido el consentimiento del abad de Nuestra Señora de las Nieves. Pero, en su carta de solicitud había mencionado el convento de la Trapa en Akbés, en Siria, rogando que, pasados los meses de prueba y de noviciado, se le mandase a aquella lejana casa «si tal es, como creo, la santa voluntad de nuestro Padre que está en los Cielos». El 11 de diciembre Charles se dirige a Dijón, donde pasa una semana junto a su hermana y el señor de Blic,

---

19   G. GORRÉE, *Sur les traces du père de Foucauld*, La Colombe, París 1953, 70.

antes de la inclaustración, la soledad y el silencio. Despúes regresa a París para el arreglo de algunos asuntos, especialmente la cesión que hace de sus bienes en favor de su hermana. Partirá pobre y el mundo no volverá a verlo.

Su vida monástica

Entra en el monasterio trapense de Nuestra Señora de Las Nieves, que está edificado sobre las altas mesetas de las montañas del Vivarais, en una región que antiguamente dependía del Languedoc. El vizconde Charles de Foucauld fue admitido en el noviciado de la Orden de la Trapa, convirtiéndose en el hermano Maria-Alberico. El recuerdo que dejó entre los hermanos de la Orden, es el de un religioso servicial para con todo el mundo, sumamente piadoso, casi excesivo en su austeridad, pero ponderado en sus juicios.

Desde un principio había pedido que lo mandaran al monasterio más pobre y lejano del Asia Menor. Esto lo hacía principalmente por dos razones: estar más cerca del país donde vivió Jesús, e ir a un lugar donde no se conozca y ame el Evangelio. El 27 de junio parte de Marsella en un buque destino a Alejandreta donde llega el 10 de julio. La Trapa de Cheikhlé, también llamada Trapa del Sagrado Corazón (Trappe du Sacré-Cœur) o Nuestra Señora del Sagrado Corazón (Notre-Dame du

Sacré-Cœur) en Cheikhlé, fue un monasterio trapense situado en las proximidades de Akbés, cerca de Alejandreta, en la actual Turquía, fundado en 1881. Luego de hostigamientos sucesivos por parte de los turcos, fue destruido finalmente en 1920, poco después del genocidio armenio. Cuando lo habitó el hermano Alberico se encontraba rodeado por un círculo de montañas cubiertas de bosques de altos pinos, bajo los cuales crecían robles y arbustos. El monasterio era el más pobre que pueda imaginarse. Para vivir allí los monjes tenían que ser fuertes y valientes. Pues, prescindiendo de los posibles asaltos de bandas en busca de alimento o por razones de fanatismo, no existía la comodidad y a veces faltaba lo necesario.

Su hermana le pide noticias de su convento y de sus ocupaciones. He aquí un fragmento de la carta que el hermano Alberico le envió el 3 de julio de 1891:

Somos una veintena de trapenses, incluyendo los novicios. Como puedes ver por las fotografías, estamos instalados en campamentos de barracones bastante amplios... Podrás formarte una idea bastante aproximada de nuestra vida, leyendo «Los Monjes de Occidente» de Montalembert. Sin embargo, hay una diferencia; los monjes que menciona estudiaban más que nosotros, se ocupaban más que nosotros de ciertas tareas como, por ejemplo, la copia de manuscritos. Para nosotros, el trabajo mayor son las labores agrícolas; esa es la diferencia entre la Orden de San Bernardo, a la que pertenecemos, y los antiguos monjes...

La ceremonia de la profesión religiosa del hermano María Alberico tuvo lugar el día de la Candelaria, el 2 de febrero de 1892. Fue presidida por el abad de Nuestra Señora de las Nieves, que estaba visitando el monasterio. El hermano Alberico sabía que no se había equivocado en el hecho de ser monje, pero le quedaba un largo camino por recorrer y a veces una inquietud turbaba su paz: el proyecto, que mientras vivió entre nosotros no pudo ver realizado, de reunir a su alrededor «algunas personas con las que pudiera formar un principio de congregación», según su intuición de la «vida de Nazaret». ¿Cuál sería la misión de ésta congregación? En una carta del 4 de octubre de 1893 se expresa así:

Llevar la misma vida de Nuestro Señor en la forma más exacta posible, viviendo exclusivamente del trabajo de las propias manos, sin aceptar ninguna donación, ni espontánea ni solicitada, y siguiendo al pie de la letra todos los consejos del Divino Maestro, sin poseer nada, dan-

do a todo el que pida, no reclamando nada, privándose de todo lo posible...; agregar a este trabajo mucha oración...; no formar más que grupos reducidos...; diseminarse sobre todo en los lugares y países donde no es conocido y amado Nuestro Señor Jesucristo.

Así, este trapense que ha formulado sus primeros votos cree estar llamado a abandonar la Orden para seguir una inspiración personal que le lleva a desaparecer más completamente todavía que un monasterio de Siria. En Francia, en París, tiene a su director espiritual en la parroquia de San Agustín, que desconfía de lo excepcional, y a quien hará falta convencer para dar rienda suelta a este sueño. El 29 de enero de 1894 el padre Huvelin le escribe:

Sigue tus estudios de teología, por lo menos hasta llegar a diácono; aplícate en las virtudes interiores, sobretodo en la humildad; en cuanto a las virtudes exteriores, practícalas en la perfección de la obediencia a la Regla y a tus superiores...; en lo demás, veremos más adelante. Por otra parte, no has sido hecho en absoluto para dirigir a los demás.

Cambio de rumbo

Mientras iba transcurriendo el tiempo, dos acontecimientos ocurrieron que tienen que ver con el monasterio trapense de Akbés. El primero fue que a principios de 1894 dejó de depender de la abadía de Nuestra Señora de las Nieves, para ser adscrita a la de Staoueli, que tenía más amplios viñedos y podía socorrer mejor al pobre monasterio de Siria. El segundo hecho fue la época de matanzas que el sultán de Turquía permitió u ordenó. Cuando se iba acercando el quinto aniversario de los votos simples y era el momento de pronunciar los votos perpetuos o pedir dispensa y abandonar la Orden de San Bernardo, le llegó, en una carta fechada en París el 15 de junio de 1896, el consentimiento del padre Huvelin:

Había esperado, mi querido hijo, que encontrarías en la Trapa lo que buscabas; que hallarías en ella suficiente pobreza, humildad y obediencia para poder seguir a Nuestro Señor en su camino de Nazaret... Pero veo en ti un impulso demasiado profundo hacia otro ideal y poco a poco, por la fuerza de este movimiento, te vas saliendo de este cuadro, sintiéndote fuera de lugar. Verdaderamente no veo que puedas contener este movimiento. Díselo a tus superiores de

la trapa de Staoueli. Diles sencillamente
tu manera de pensar...

Nada más conocer el contenido de la carta, el hermano María-Alberico somete a la consideración de su director el borrador de un reglamento para la futura comunidad de los Hermanitos de Jesús. Esperaba una aprobación, sin embargo la respuesta no fue la misma. Desde Fontainebleau, el 2 de agosto de 1896 el padre Huvelin le responde:

Tu regla es prácticamente impracticable... El Papa vaciló en aprobar la regla franciscana por encontrarla demasiado severa; ¡qué decir, entonces, de este reglamento! A decir verdad, me ha asustado. Vive en el umbral de una comunidad, en la humildad que deseas, pero por favor no redactes reglas.

Una sola autorización le concede: la de tratar de vivir, fuera de la Trapa, una vida totalmente escondida, en algún rincón de Siria o de Palestina. Pero antes tendrá que someterse a una prueba de obedienciaa sus superiores. El superior general de la Orden, antes de tomar una decisión, le pide que vaya a estudiar a Roma durante dos años.

Estudiar teología en Roma

Así pues, el hermano María-Alberico va a estudiar teología a Roma y al acercarse la fecha del 2 de febrero de 1897, fecha de los votos perpetuos, el padre superior de la Orden accede a las peticiones del hermano Alberico que le pide ser lego en un convento de Oriente y lo pone bajo la dirección de su padre espiritual. El padre Huvelín, el 24 de enero de 1897 le contesta así:

Mi querido hijo, temo que te instales en otro monasterio trapense, pues allí te visitarán los mismos pensamientos. Prefiero Cafarnaún o Nazaret, en un convento de Franciscanos; pero no en el mismo convento, sino a su sombra, para pedir únicamente allí la ayuda espiritual, viviendo en la pobreza. No pienses en reunir personas a tu alrededor y, sobre todo, en darles una regla. Vive tu vida y si vienen otras personas, vivid juntos la misma vida sin reglamentar nada. En este punto soy terminante.

Foucauld abandona Roma en los primeros días de febrero, para ir a embarcarse a Brindisi. Los trapenses ofrecieron un pasaje para el buque al que dejaba de ser el hermano María-Alberico, conduciéndole así hasta «el convento de franciscanos». Foucauld había pasado siete años en la Orden de la Trapa. Durante toda su vida tendrá un gran respeto y gratitud por la venerable Orden que ha dejado; incluso, más tarde, regresará al monasterio de Nuestra Señora de las Nieves en calidad de huésped y de amigo. El buque era uno de los que hacen escala en Alejandría, en Egipto, y después, camino de Constantinopla, en el puerto de Jaffa, donde descendió Foucauld.

Destino Nazaret

Enseguida el peregrino puso rumbo hacia Nazaret, pasando por Belén y Jerusalén. El 5 de marzo de 1897 llegó a Nazaret como un pobre desconocido. Fue acogido por los Franciscanos ofreciéndose como sirviente a los religiosos. Al no tener éstos necesidad de sus servicios, el capellán de las Clarisas de Nazaret intervino para encontrarle un puesto ante las clarisas, después de haber sido reconocido por un hermano franciscano encargado de la acogida, de cuando Foucauld había visitado Nazaret.

Así pues, la abadesa fue prevenida de que un extraño peregrino acudiría al monasterio a ofrecerse como sirviente y que ese peregrino dedicado a la penitencia, deseoso de permanecer oculto, era el vizconde Foucauld. Y así ocurrió. Unos días después el peregrino solicitó hablar con la madre abadesa del monasterio. Ésta era una mujer capaz de comprender tanto lo que había de grande, como lo que había de singular en cada situación, obrando con gran tacto. Comprendió que aquel hombre era sincero y era necesario ayudarle. Le ofreció el trabajo de sacristán y encargado de los mandados al correo y otras pequeñas tareas. Le quisieron dar la habitación del jardinero, pero él optó por una choza de tablas, situada en el patio, a unos cien metros de distancia, que servía como pieza de desahogo. Le trajeron dos taburetes, dos tablas y un jergón; convirtiéndose así en ese ermitaño de Nazaret tantas veces soñado.

Ya no era un religioso, pero continuaba viviendo como un religioso. De hecho, después de recibir la dispensa de sus votos de trapense, hizo, ante su confesor en Roma, voto de castidad perpetua y de no tener para su uso personal nada más de lo que posee un pobre obrero. El propio Charles de Foucauld se expresa así en una carta dirigida al señor de Blic el 25 de noviembre de 1897:

Gozo infinitamente de ser pobre, de vestir como un obrero, de ser sirviente, de pertenecer a esa condición humilde que fue la de Nuestro Señor Jesucristo, y todo esto, por una gracia excepcional, poderlo vivir en Nazaret.

En Nazaret pasó el verano, otoño e invierno de 1898. La abadesa de las clarisas de Nazaret había escrito a la de Jerusalén, madre Isabel del Calvario, acerca de su abnegado sirviente, que vestía como un pobre pero hablaba y escribía como un sabio y rezaba como un santo. Madre Isabel quiso conocer a este personaje e interrogarlo, pues ella que era la fundadora de los dos monasterios, temía que la comunidad de Nazaret fuese víctima de un aventurero. Enviaron a Foucauld con una carta importante para las clarisas de Jerusalén. Emprendió el camino solo, a pie, como había venido y cruzó Galilea y Samaria, pensando que el Maestro había realizado tantas veces ese mismo viaje. El 24 de junio, festividad de San Juan Bautista, muy cansado, llegó a divisar las murallas; pero, como comenzaba a anochecer, se acostó en el suelo, en un campo cercano al convento. Al día siguiente fue recibido por la abadesa, cuya desconfianza no tardó en disiparse, apenas habló cinco minutos con él. Madre Isabel, una mujer venerable y espiritual estaba destinada, como veremos más adelante, a tener una influencia decisiva en la decisión que tomará Foucauld de prepararse para el sacerdocio. En una carta enviada a su familia el 15 de octubre de 1898 este les dice:

Tengo una casita adosada a la gruesa pared del cerco del monasterio... Vivo como un ermitaño, o como un obrero in-

dependiente, recibiendo cuanto pido y, cuando quiero, en un trabajo muy liviano que tienen la delicadeza de confiarme, para que pueda decirme que me gano el pan...

No tardó en regresar a Nazaret, considerándose un sirviente de los dos monasterios. Como la madre Isabel del Calvario le había expuesto el deseo de que volviera a Jerusalén, regresó allí antes de fin de año. Se le veía todos los días ir a buscar como un pobre su comida a la puerta del monasterio, y regresar sin haber dejado de leer en un libro que nunca le abandonaba; se le veía participar en la Eucaristía, realizar concienzudamente las pequeñas tareas que le eran confiadas, pasar hora y media en la capilla después del almuerzo y volver a ella por la tarde cuando había algún oficio; se sabía que dormía sobre dos tablas cubiertas con un lienzo y teniendo una piedra por almohada, como en Nazaret; que no dormía mucho más de dos horas cada noche; que practicaba una templanza extremada y la más intensa caridad. Las personas de lengua árabe e idioma francés que habían hablado con él, conservaban el recuerdo de sus ojos bondadosos y de sus modales fraternos. Y, además, estaban sorprendidos del júbilo adivinado en aquel hombre sin casa, sin parientes, sin riqueza y sin empleo.

Invitación al sacerdocio

La madre Isabel, después de haberle visto vivir así varios meses y una vez segura de la gran inteligencia y de la singular virtud de que se hallaba dotado, empezó a exhortarlo hacia el sacerdocio. Al principio Foucauld rechazó la idea. Todas las hermanas del convento pedían por esta intención, Al cabo de algún tiempo, al insistir de nuevo la madre Isabel, éste le dijo que se lo propusiese ella misma a su director espiritual. Y así se hizo.

El padre Huvelin hacía mucho tiempo que opinaba que Foucauld estaba destinado al sacerdocio y se lo dio a entender así. Finalmente, en la choza de Nazaret donde había regresado de nuevo, tomó la decisión. Su problema era cómo conciliar el sacerdocio y el eremitismo. En sus notas escribe:

Creo que mi deber es tratar de comprar el lugar probable de mi ubicación en el monte de las Bienaventuranzas... La fe en la palabra de Dios y en la Iglesia se practica lo mismo en todas partes; pero allí, en el monte de las Bienaventuranzas, en la desnudez, en el aislamiento, en medio de árabes muy hostiles, para no perder el valor tendré necesidad de una fe firme y constante en estas palabras: 'buscar el Reino de Dios; el resto se os dará en

*añadidura...' Aquí, al contrario, no carez-
co de nada y me hallo en seguridad. Es
allí, pues, donde mi fe podrá ejercitarse
mejor.*

En junio de 1900, Foucauld, después de haber tomado la decisión del sacerdocio, se puso en camino, dirigiéndose a Jerusalén, a cuya ciudad llegó la víspera de la festividad del Sagrado Corazón. Quería ver a Monseñor L. Piavi, para pedirle permiso para instalarse en el monte de las Bienaventuranzas como sacerdote ermitaño y pedir aprobación del proyecto de Regla que redactó para él y para los futuros Hermanitos del Sagrado Corazón.

Al día siguiente de su llegada a Jerusalén, subió al Calvario donde asistió a Misa, dirigiéndose posteriormente al Patriarcado, con una vestimenta y estado lamentable. Monseñor Piavi le escuchó y luego, creyendo que tenía delante a uno de esos iluminados que no son raros en Oriente, le dijo que ya se lo pensaría y que podía retirarse.

Foucauld consideró el fracaso como un signo de la voluntad divina, si bien Monseñor Piavi, después de tomar informes, quiso que volviera al Patriarcado, cuando Foucauld ya estaba en Nazaret de nuevo. Al mismo tiempo descubrió que lo habían engañado en la escritura de compra del terreno donde debía levantarse la capilla y choza en el monte de las

Bienaventuranzas. El padre Huvelin animaba a Foucauld para que se preparara para el sacerdocio y pensaba que el lugar idóneo podía ser el Monasterio Trapense de Nuestra Señora de las Nieves. Como la relación epistolar es muy lenta, el Foucauld apresuró las cosas, previno con unas letras al padre Huvelin y abandonó Tierra Santa rumbo a Francia a principios de agosto de 1900, sin llevar más que un breviario y una canasta donde guardaba sus provisiones. Para él los años pasados en Oriente fueron años de preparación. Le habían acostumbrado a la vida solitaria, a la disciplina sin testigos, al trabajo sin programa impuesto. Había realizado el aprendizaje que le permitiría soportar en el futuro pruebas más duras, sin desfallecimientos y con el júbilo de quien obedece a su vocación.

Hacia los más abandonados

En un principio el padre Huvelin no estaba contento de que Foucauld regresara a Francia, pues le había enviado un telegrama pidiéndole que se quedase en Nazaret. Pero una vez volvió a ver a aquel terrible penitente, reconoció que algo interior le había conducido de nuevo a él. Pasaron veinticuatro horas juntos y Foucauld tomó el camino de Nuestra Señora de las Nieves y de Roma. Llegó al monasterio como un pobre entre los pobres que esperaban en la puerta de la entrada, y no fue reconocido por el hermano portero. Después de recibir al antiguo hermano María-Alberico, el abad Martín se ocupó de conseguir que Monseñor de Viver lo aceptara entre los clérigos de su diócesis, cosa que consiguió sin dificultad. Entre el abad y Foucauld convinieron que después de una breve estancia en Roma, regresaría al monasterio a fin de prepararse para el sacerdocio. ¿Qué iba a hacer a Roma? Antes de recibir el sacerdocio y elegir el punto de su destino definitivo, quería conversar con algunas personas que había conocido allí para tratar seguramente de la fundación de la orden de los Hermanitos de Jesús, su sueño desde hace siete años.

A principios de septiembre Foucauld está en Roma. Allí lleva una vida de ermitaño, estudiando teología. Visita a dos profesores y a un amigo suyo religioso. Llegado el momento de regresar, pide permiso al padre Huvelin para pasar por Barbirey a visitar a su hermana y a los sobrinos que no conoce. El padre Huvelin se lo concede y visita a su familia que está loca de alegría. El 29 de septiembre de 1900 el eterno viajero se encuentra ya en Nuestra Señora de las Nieves, donde permanecerá casi un año. Resumiendo este período, más tarde escribirá:

Mis retiros del diaconado y del sacerdocio me han revelado que aquella vida de

Nazaret, que me parecía ser mi vocación, no debía llevarla en la Tierra Santa tan querida, sino entre las almas más enfermas, entre las ovejas más descuidadas. Ese banquete divino, del que me convertiré en ministro, no debe ser ofrecido a los parientes y a los vecinos ricos, sino a los alejados, a los ciegos, a los pobres, es decir, a las almas que carecen de sacerdotes. En mi juventud había recorrido Argelia y Marruecos. En Marruecos, grande como Francia entera, con diez millones de habitantes, no hay un solo sacerdote en el interior; en el Sahara, de una extensión siete u ocho veces mayor que Francia y mucho más poblado de lo que se creía en otro tiempo, una docena de misioneros... Ningún pueblo me parecía más abandonado que estos. [20]

Charles de Foucauld fue ordenado sacerdote el 9 de junio por Monseñor Montéty, en presencia de Monseñor Bonnet. Después de la ordenación permaneció en el monasterio hasta que se realizaran los trámites para su marcha a África del Norte. A principios de septiembre Foucauld se despide de sus hermanos de la trapa de Nuestra Señora de las Nieves. Unos

----

20   *Carta al padre Huvelin*, el 8 de abril de 1905. Cf. J. F. SIX, Carlos de Foucauld, itinerario espiritual, Herder, Barcelona 1988.

días después cruza el mar y desemboca en África, donde es recibido por Monseñor Livinhac, obispo del Sahara, quien le da los permisos para instalarse en el sur de la provincia de Oran, cerca de Marruecos. Mientras espera el permiso del gobernador de Argelia, pasa unos días en el monasterio trapense de Staoueli, donde encuentra viejas amistades e inicia otras nuevas.

Camino de Beni-Abbés

El 14 de octubre le llega la autorización favorable del gobernador general y al día siguiente lo vemos partiendo hacia Oran, primero, y hacia el sur después, pasando por Ain-Sefra, pequeña ciudad blanca edificada al pie de las dunas. Desde allí, camino de Beni-Abbés, acepta viajar a caballo el largo camino con el teniente Huot, que regresaba de su permiso. A mitad del camino se encuentra el oasis de Taghit y el fortín que protege una zona peligrosa, recorrida frecuentemente por merodeadores. Cuando los vieron llegar, salieron a su encuentro. Fue el saludo de bienvenida del Sahara. Cuatro días después, por la tarde de un día caluroso, los viajeros percibían las primeras palmeras de Beni-Abbés, palabras que significan «oasis de muchísimas palmeras», que crecen sobre la orilla izquierda del Saoura, en tierras y arenas donde abundan los manantiales formando una larga franja espesa adosada a un acantilado que lo domina desde lo alto. El mismo Saoura no es más que el arroyo Zousfana, procedente de Figuig, que se une, a cuarenta kilómetros del oasis, con otro riachuelo más importante, el arroyo Guir, que desciende de las mesetas del gran Atlas marroquí. Como sucede con la mayor parte de los ríos saharianos, sus aguas se entierran para no ser evaporadas por el sol, cruzando los desiertos en túneles, para ir a parar misteriosamente al curso del Alto Níger.

Foucauld elige aquel lugar por las necesidades humanas que allí había y por la cercanía con Marruecos, la tierra que tanto quería y que esperaba poder volver algún día. Compró, en la meseta de la orilla izquierda del oasis, un terreno del barranco con palmeras donde construir la ermita de barro y su humilde residencia. La capilla se construyó en primer lugar. El decorador es el propio Foucauld, que en una tela dibuja a Cristo extendiendo los brazos para abrazar, estrechar, llamar a todas las personas y entregarse por todo el mundo. Allí es

Foucauld, en Beni Abbés

donde pasará tantas horas, de día y de noche, en adoración o meditación.

Después de la capilla y de los aposentos, se construyó una pared alrededor del patio. Luego, Foucauld cercó el terreno de la Fraternidad, ya que había decidido vivir enclaustrado y no salir de los límites sin un motivo fundado e importante. Los nativos respetaron casi de inmediato su clausura. Para el cuidado del huerto contrató dos har.ratines, mestizos de árabes y negros, diseminados por todos los oasis y cuya situación social era intermedia entre las personas esclavas o libres, para hacerlos hortelanos. Éstos conocían mejor los cuidados que hay que dar a las palmeras y las precauciones que deben tomarse, en un país cálido, para que las legumbres, apenas asomen las primeras hojas, no sean calcinadas por el sol. En algunas ocasiones para saludar algún jefe del Sahara, como Laperrine o Lyautey, o la visita de algún investigador, Foucauld abandonaba su recinto y aceptaba la invitación que le hacían los oficiales. Si lo hacía era para no faltar a las normas de cortesía. Una vez terminada la capilla, Foucauld cavó, en un rincón del jardín, la fosa donde quería ser enterrado y la bendijo. Esto era un recuerdo de la Trapa. Más tarde hizo lo mismo en los diversos puntos del Sahara donde vivió cierto tiempo

Regla de vida

Su regla de vida, que no variará hasta el final de su vida, está descrita en la carta dirigida al prefecto apostólico del Sahara el 30 de septiembre de 1902:

Levantarse a las cuatro de la madrugada, Angelus, Veni Creator y celebración de la Eucaristía. A las seis tomar un poco de alimento y una hora de adoración eucarística. A continuación trabajo manual o su equivalente (correspondencia, copias de varias cosas, extractos de autores a conservar, lecturas hechas en voz alta, o explicación del Catecismo a alguien), hasta las once. A las once un poco de oración hasta las once y media. A las once y media almuerzo. Al medio día Angelus y Veni Creator. La tarde dedicada íntegramente al buen Dios, al Santísimo Sacramento, excepto una hora dedicada a las conversaciones necesarias, las necesidades de la casa y a las limosnas: esta hora se reparte durante todo el día. A las cinco y media vísperas. A las seis cena. A las siete explicaciones de los Evangelios a quienes lo desean, rezo del santo rosario y me acuesto alrededor de las ocho y media. A media noche me levanto. Es un momento muy dulce para estar con Jesús, en el silencio profundo del Sahara. Vuelvo a acostarme a la una.

Así, pues, dormía seis horas, cortadas por una vigilia. La oración ocupaba el primer lugar. Únicamente el servicio de caridad alteraba el reglamento. Vestía una túnica blanca, ceñida por un cinturón, sobre la cual llevaba un corazón coronado por una cruz, hecho en paño rojo; en los pies lleva sandalias. El sombrero era un invento suyo. Era un kepis al que había quitado la visera y recubierto con una tela blanca que le caía por encima de los hombros, para protegerse la nuca. Así, esta indumentaria constituía por sí sola una prédica y toda su vida testimoniaba el Evangelio. Para rescatar a los esclavos del Sahara, como lo hizo con José y Pablo, que entró en la Fraternidad el 15 de octubre de 1902 y que encontraremos más tarde como testigo principal de la muerte de Foucauld, y alimentar a los pobres, pide frecuentemente pequeñas sumas de dinero a su familia, dándose cuenta de que iba contra la economía política imperante, como se desprende de este examen de conciencia:

Podría tener algún dinero si aceptara honorarios de Misa. El padre abad del monasterio de Nuestra Señora de las Nieves me los ha ofrecido y si no tengo ningún otro medio de vivir y pagar mis deudas, aceptaré; pero mientras exista el más mínimo fulgor de esperanza de poder prescindir de ellos los rechazaré, por cuanto lo creo 'más perfecto'; vivo de pan y agua, lo que me cuesta siete francos mensuales... Mi único capital al salir de Francia era el mismo que sigo poseyendo en la actualidad: las palabras de Jesucristo: 'Buscad el Reino de Dios y su justicia y todo lo demás se os dará por añadidura'... Quiero acostumbrar a todos los habitantes, cristianos, musulmanes, judíos e idólatras, a considerarme como hermano suyo, hermano universal... Comienzan a llamar a la casa 'Fraternidad' y esto me resulta sumamente agradable.

Solidaridad con los más pobres

Llevaba apenas cuatro meses viviendo en Beni-Abbés y ya había hecho la cuenta de las miserias materiales y morales que allí había. Para él, la primera tarea a realizar era «ayudar a los esclavos», que son tratados con gran dureza por la población. La segunda tarea es dar acogida a los viajeros pobres. Y, finalmente, la tercera sería escolarizar a los niños que andan vagando todo el día, para darles instrucción. En una carta a Mons. Guerin, le explica lo que viene haciendo a estos tres niveles:

Para los esclavos tengo una pequeña habitación que les hace de albergue y les puedo ofrecer pan y amistad... Los viajeros pobres encuentran en la Fraternidad asilo y comida... Los enfermos y ancianos abandonados encuentran aquí techo, comida y cuidados... Para los niños no puedo hacer nada. A veces llegan hasta sesenta niños y los tengo que despedir sin poder hacer nada por ellos. Hay muchas necesidades que están fuera de mi vocación. Se precisarían religiosas. [21]

Foucauld es un hombre humilde. Conoce sus limitaciones y espera más de Dios que de sus fuerzas. Es un solitario sacerdote perdido en un oasis del Sahara que quiere, con el poder de Dios, el bien de África y de todo el mundo. Por esto en mayo de 1903 piensa en la fundación de los Hermanos del Sagrado Corazón como «una congregación de misioneros que no predicaría el Evangelio directamente, pero lo haría conocer, admirar, amar, por la vida de oración, de caridad y de pobreza que llevarían los monjes entre los musulmanes». En una carta del 15 de noviembre de 1903, enviada a su prima, afirma:

Estoy más convencido que nunca de que este lugar de Beni-Abbés es pro-

---

21   *Carta a Mns. Guerin*, 19 enero 1902. Cf. J: F: SIX, o. c., 231.

picio para una comunidad de solitarios pobres, entregados a la adoración del Santísimo Sacramento y al trabajo manual. ¡Es tan solitario y tan equidistante de Argelia, Marruecos y el Sahara! Reza para que mis infidelidades no pongan obstáculos a los designios del Sagrado Corazón.

Recibe una carta del abad de la Trapa de Staoueli informándole de que algún monje quizás desearía venir con él, a lo que este responde:

Me escribe diciendo que algunos de ustedes desean compartir conmigo la vida pobre y solitaria de Jesús escondido, esa vida divina de la que nos ha dejado el ejemplo de los treinta años en Nazaret... No hay más que un medio absolutamente infalible para conocer la voluntad de Dios en asunto semejante: la dirección espiritual. Abrir completamente el alma a un director 'consciente, instruido, inteligente, interior, sin prejuicios' y tomar su respuesta como la voluntad divina en el momento actual... Pido tres cosas a los que deseen venir: 1ª estar dispuestos al martirio; 2º estar dispuestos a morir de hambre, y, 3º obedecerme, a pesar de mi indignidad, hasta que seamos varios, pueda realizarse una elección, y pueda volver al último lugar.

Foucauld nunca llegó a tener ningún compañero, salvo una vez y por poco espacio de tiempo. En una carta al padre Guerin, escrita el 30 de septiembre de 1902, se expresa así sobre este tema:

> *Si algún día tengo compañeros, me complaceré en ver en ello la realización de la voluntad de Dios. Si no los tengo pensaré que Él es glorificado de muchas otras maneras... Si pudiera perderme totalmente en la unión con su divina voluntad, preferiría para mí el fracaso total, la soledad perpetua y los tropiezos en todo. Hay en ello una unión a la Cruz de nuestro divino Bien Amado, que siempre me ha parecido preferible a todas. Hago todo lo que puedo para tener compañeros: a mis ojos, el medio de conseguirlos es santificarme en silencio: si los tuviera, me regocijaría ruidosamente en las cruces; no teniéndolos, me regocijo perfectamente.*

El padre Guerin y el padre Villard visitaron Beni-Abbés del 27 de mayo al 1 de junio. Podemos suponer la alegría del encuentro entre estos religiosos. El padre Guerin lo expresa así en su diario el 31 de mayo: «Por primera vez desde hace muchos siglos, acaso por primera vez en absoluto, se encuentran reunidos tres sacerdotes en Beni-Abbés.» Más tarde, el 24 de junio, Foucauld escribe al padre Guerin pidiéndole permiso para «instalarme entre los tuareg, lo más adentro del país que me sea posible, a la espera de que pueda mandar allí sacerdotes; en aquel lugar rezaré, estudiaré el idioma y traduciré los Evangelios; entraré en relaciones con los tuareg; viviré sin enclaustrarme». Recibe la autorización para el viaje tanto del padre Guerin, del padre Huvelin, como de las autoridades militares, pero en septiembre, cuando se disponía a partir, es llamado a Tahhit junto a los heridos de unas escaramuzas. El 13 de enero va a salir un convoy en dirección al Touat y al Tidikelt. Invitado por el general Laperrine, Foucauld considera que tenía posibilidad de visitar aquellas regiones y se decide a emprender el viaje. Empezaba con ello una nueva fase de su destino. Iba hacia los tuareg desconocidos del Ahaggar, donde ofrecerá su amistad y consumará su sacrificio.

IV. SU CONVERSIÓN RADICAL A LOS HERMANOS

El 13 de enero de 1904 Charles de Foucauld se pone en marcha agregándose a un numeroso convoy escoltado por cincuenta soldados. Después de dieciocho días de camino el convoy entra en Adrar.

Allí, escribe Foucauld, encuentro al comandante Laperrine, quien me ofrece un aposento en su casa, aposento que transformo en capilla. El comandante me informa de que, de las seis grandes fracciones que constituyen el pueblo tuareg, tres han hecho acto de sumisión ante él en los doce últimos meses: los Iforas, los Taitoq y los Hoggar. El jefe de estos últimos, la más importante y la más belicosa de las seis fracciones, se encuentra ahora en In-Salah, donde acaba de llegar con ochenta notables, para rendir sumisión y presentar la de su tribu... En su próxima gira, el comandante Laperrine tal vez llegará hasta Tombuctú. Si lo hace le acompañaré, para ser conocido por los nativos y entrar en relaciones de amistad y confianza con ellos... El mejor lugar para estudiar la lengua tuareg (tamahaq o idioma hablado) es Akabli donde todos los habitantes lo hablan y se encuentran constantemente caravanas tuareg.[22]

Preparativos para su gran viaje

En Akabli pasa tres semanas de trabajo y recogimiento. Después reemprende de nuevo el viaje, durante cinco meses, acompañando al comandante Laperrine por el país tuareg y realizando muchas visitas a los nativos. Foucauld se separa de Laperrine, y, el 22 de junio, prosigue la ruta acompañando al teniente Roussel, el sargento Duiller, dos cabos, y setenta y cinco camelleros indígenas. Recorren 40 Km y la columna acampa para pasar la noche entre Aseksen y TinTounin. El 3 de julio escribe a un

---

22   Cf. A. CHATELARD, *Carlos de Foucauld, el camino de Tamanrrasset*, San Pablo, Madrid, 2003.

amigo describiéndole las características de aquel viaje:

Vamos de manantial en manantial a los lugares de pastoreo más frecuentados por los nómadas, instalándonos en medio de ellos y pasando allí varios días. Junto con la Eucaristía, las oraciones, las necesidades de este cuerpo mortal, a veces la marcha y el tiempo dado al prójimo, mis días están ocupados por el estudio de la lengua de este país, idioma berberisco muy puro, y en la traducción de los Evangelios a esa lengua. Los indígenas nos reciben bien; no es algo sincero: ceden a la necesidad. ¿Cuánto tiempo precisarán para adquirir los sentimientos que simulan? Tal vez no los tengan nunca. Si los tienen algún día, será el día que se hagan cristianos. ¿Sabrán distinguir entre los soldados y los sacerdotes, ver en nosotros servidores de Dios, ministros de paz y caridad, hermanos universales? No lo sé. Si cumplo con mi deber, Jesús esparcirá gracias abundantes y ellos comprenderán.

El 20 de septiembre Foucauld llega a In-Salah, donde las tropas vuelven a sus cuarteles, pero él no se queda allí. Sin convoy y acompañado por un único soldado indígena que le sirve de guía, sigue su camino por Inghar, Aoulef y Adrar. Y, de acuerdo con su promesa, allí donde hay una carpa, un grupo de ellas o casa de barro, allí se detiene para establecer lazos de amistad. En Timimoun permanece tres días, reemprendiendo luego su camino en solitario, durmiendo a la intemperie. Ghardahia será su lugar de descanso. Permanece allí, la capital del Mzab, seis semanas, del 12 de noviembre al día siguiente de la Navidad de 1904, y donde puede afirmar:

Descanso en el silencio y la soledad, en la dulce amistad del Padre Guerin y sus misioneros.

Foucauld entrega a su superior y amigo la traducción completamente terminada de los cuatro Evangelios en lengua tuareg, en la que no ha dejado de trabajar durante las etapas de su viaje, o por las noches bajo las carpas. Después de hacer su retiro anual abandona Ghardaia junto con dos Padres Blancos que iban con él a El Golea. Conocía el camino y, siempre a pie junto a su camello, se adelantaba, como lo suelen hacer los guías de las caravanas que andan siempre cincuenta metros delante de las mismas, para no ser distraído en sus meditaciones y en sus oraciones. Como no tenía reloj, pidió a uno de los acompañantes que le avisara cada hora. Y así se hacía dando unos golpes sobre una olla. El ruido se transmitía por el aire ardiente y Foucauld se volvía haciendo un gesto agradecido. Llegaron a El-Golea el 1° de enero de 1905, donde encontró a su amigo Laperrine, recientemente ascendido a teniente coronel. Dos días más tarde sale con él en dirección a Adrar, donde había una oportunidad de ir a Beni-Abbés, regresando de nuevo el 24 de enero con esta intención:

Regreso sin intención de ausentarme de nuevo, sobre todo, con el gran deseo de que los Padre Blancos puedan hacer, en lo sucesivo, lo que he hecho yo este año; con grandes deseos de permanecer en esta querida Fraternidad, en la que tan sólo falta una cosa: Hermanos entre quienes pueda desaparecer... Al estar sólo, a cada momento es necesario atender a la puerta, contestar, hablar. Las penas de la tierra están hechas para hacernos notar el destierro y suspirar por la patria celestial... Jesús elige para cada uno el género de sufrimiento que considera más adecuado para santificar y, a menudo, la cruz que nos da es la que, si uno se atreviera, rechazaría de plano, aun aceptando todas las demás. La que da Él es la que menos se comprende... Nos dirige hacia los prados de pasto amargo, que sabe buenos. ¡Pobres ovejas! ¡Somos tan ciegas!.

Así pues, Foucauld reanuda la existencia sedentaria que llevaba un año antes. De nuevo, a media noche, en la meseta desierta se oye la campana; cada vez son más los indígenas que vienen en busca de limosna y a contarle sus preocupaciones. Él, sin embargo, está más agotado que antes del gran viaje que acaba de realizar. Pero las fuerzas regresarán y se le concederá que regrese al Hoggar como primer sacerdote entre los tuareg, cuyo idioma habla y escribe como casi ningún otro europeo. Abandonará la residencia elegida, la capilla pobre y querida, el silencio de las horas de adoración, para internarse una vez más en el desierto y recomenzar en otro lugar la misión a la que ha sido destinado.

Tamanrrasset, su nuevo Nazaret

De nuevo, la invitación a regresar al Hoggar vino del comandante Laperrine. En dos cartas del 1 y el 8 de abril de 1905 le propone a Foucauld ir a pasar el verano al Hoggar con el capitán Dinaux, jefe de la compañía sahariana del Tidikelt, que debía partir a principios de mayo, pasando por Abnet, el Adrar de los Iforas y el Aïr. Este le contesta que no podía abandonar la Saoura antes del otoño, pues tenía que decidir si vivir enclaustrado en Beni-Abbés, o vivir como sacerdote-viajero entre la Saoura, el Gourara, el Touat, el Tidikelt y los Tuareg. Se hallaba extraordinariamente indeciso. Escribió al padre Huvelin, albergando la esperanza de atraer algún hermano a la Fraternidad de Beni-Abbés para transformar su obra personal en fundación duradera. Por eso contestó vagamente a Laperrine.

El 22 de abril recibe desde Francia un telegrama del padre Guerin exponiendo su parecer y el del padre Huvelin, con el siguiente contenido: «Nos inclinamos a que aceptes las invitaciones». De inmediato Foucauld se informa y se entera de que el capitán Dinaux no saldrá de Akabli hasta el 15 de mayo. Tiene tiempo de llegar. El 3 de mayo sale para Adrar con Pablo. Tres días después, cerca de un pozo de la región del Touat, se encuentra por fin con el capitán Dinaux, quien tiene como compañeros cuatro civiles franceses, tres de los cuales de renombre: el señor E. Gautier, explorador y geógrafo; el señor Chudeau, geólogo; un escritor, el señor Pierre Mille y un inspector de correos y telégrafos en gira, el señor Etiennot. El 23 de junio llega un correo que el capitán Dinant ha enviado en busca del nuevo amenokal del Hoggar, que ha encontrado en Tin-Zaouaten. Trae una carta de Moussaag Amastane anunciando la próxima llegada del jefe de los tuareg Hoggar. En efecto, dos días después Moussa entra en el campamento y va a saludar al jefe francés. Foucauld valora esto con las siguientes palabras:

Es muy distinguido, muy inteligente, muy abierto, piadoso, quiere el bien, pero es ambicioso y amigo del dinero, el placer y el honor, como Mahoma, la persona más perfecta a sus ojos... En resumen, Moussa es un musulmán bueno y piadoso, que posee las ideas, las cualidades y los defectos llevando la vida de un musulmán lógico y, al mismo tiempo, un espíritu abierto tanto como es posible. Desea mucho ir a Argel y a Francia... Hemos quedado de acuerdo con él para mi instalación en el Hoggar.

El joven jefe, que tiene unos treinta y cinco años, acompaña la misión de Dinaux durante quince días. Luego la columna se reduce. Moussa se marcha y los señores E. Gautier y Pierre Mille, escoltados y guiados por tres jefes de los tuareg, emprenden la travesía del sur del Sahara, llegan a Gao y a Tombuctú y regresaron a Francia después de visitar Senegal. En cuanto al capitán Dinaux sigue su marcha hacia las altas mesetas del Hoggar y, veintiocho días más tarde, entra en el valle de Tamanrasset.

El nombre de Tamanrasset está subrayado tres veces en los márgenes de su diario. Veamos en las líneas siguientes la emoción que transparentan:

Por la gracia del Divino Bien Amado Jesús, puedo instalarme, enraizarme en Tamanrasset o en cualquier otro lugar del Hoggar, tener aquí una casa, un huerto y establecerme para siempre... Elijo Tamanrasset, pueblo de veinte fuegos, en plena montaña, en el corazón del Hoggar y de los Dag-Rali, la tribu principal, alejado de todos los centros importantes. No parece que aquí tenga que establecerse nunca una guarnición, telégrafo ni europeos; en muchos años no habrá una misión: elijo este lugar abandonado y me instalo en él. Quisiera atraer y radicar en el Hoggar un hortelano, un labrador, un médico; algunas mujeres que sepan tejer lana, el algodón y el pelo de camello; y, además, uno o dos vendedores de telas de algodón, de quincallería, de azúcar y de sal, pero gente buena, que nos puedan bendecir y no maldecir.

Lo mismo que hizo en Beni-Abbés, aquí comienza por edificar una casa, o para ser más exactos, un corredor de seis metros de largo por uno setenta y cinco de ancho, destinado a servir de capilla y de sacristía. Por el momento, dispone de una choza de estacas situada a cierta distancia, donde duerme y trabaja. Más adelante prolongará el corredor, separando con una cortina la capilla de la biblioteca y el dormitorio. El 7 de septiembre de 1905 celebra la primera Eucaristía en el Hoggar. Piensa permanecer allí hasta el otoño de 1906, para dirigirse después a Beni-Abbés y pasar el otoño y el invierno, regresando a Tamnrasset a principios el verano de 1907. De esta manera estará dividido entre dos ermitas. Será el emigrante, el monje de las dos cuevas, el amigo de los pueblos abandonados.

Los señores del desierto

Los señores del desierto, como a menudo se denomina a los tuareg, llevan una vida pastoral y nómada. Llenan el desierto con su nombre, pero no son muy numerosos. Tamanrasset tenía sesenta habitantes. Foucauld consideraba que las diversas tribus Kel Ahaggar contaban con unas ochocientas familias, mientras que otros grupos, como los Iforas por ejemplo, serían como mínimo unas dos mil familias. En verano se trasladan a distancias considerables, hasta la región sudanesa, para cazar, donde tienen que pagar elevados derechos de peaje. También viajan para el comercio. Caravanas van a vender carneros y cabras a los mercados del Tidikelt y a su regreso traen telas de algodón, dátiles, mijo etc. Otros llevan a Tombuctú sus camellos cargados de sal de las célebres minas de Taoideni; y otros, finalmente, trafican con Rhat y Rhadames. Los tuareg son pobres. No se sabe que es lo que hizo que se retiraran a regiones tan ásperas. En la actualidad prevalece la opinión de que se trata de berberiscos arrojados hasta el fondo del desierto por las invasiones árabes. Para Foucauld,

> *seguramente son camitas. Su lengua lo revela claramente. Su fisonomía, cuando el tipo es puro, es la misma que la de los antiguos egipcios: muy blancos, esbeltos, de rostro alargado, rasgos regulares, ojos grandes, frente un poco huidiza, brazos y piernas largos, un poco delicados: como los egipcios de las antiguas esculturas. Sus costumbres son muy distintas de las de los árabes; son musulmanes con mucha fe y sin ninguna práctica ni la menor instrucción.* [23]

Los tuareg creen en Dios pero no practican el ayuno del Ramadán, ni hacen las cinco oraciones cotidianas. De la época de las Cruzadas tenemos noticia de los Multimín, los hombres del velo hasta los ojos. Su orgullo es inmenso y de una gran coquetería. La guerra, la expedición para la venganza y el pillaje, ha sido la industria más lucrativa de las tribus tuareg, hasta principios de nuestro siglo. Para ellos, el hombre libre no trabaja. La confederación del Hoggar, lo mismo que las demás confederaciones tuareg, era gobernada por un jefe

---

[23]   *Carta del 3 de abril de 1906*, al conde Foucauld.

electo, el amenokal, elegido entre los nobles. El amenokal de los Hoggar era MoussaagA-mastane, sucesor de dos jefes enemigos de los franceses. Más hábil que sus predecesores y más inteligente también, Moussa entró en negociaciones con los jefes militares de los oasis, antes aún de haber sido elegido amenokal. A principios de 1904 sellaba un tratado de amistad con Francia y se hacía proclamar jefe de los tuareg Hoggar en In-Salah, obteniendo el perdón para el antiguo amenokal, Attisi, que se había retirado hacia el sud-este, a la región de los tuareg Azdjers.

Tal era el país donde Foucauld se propone vivir. Solo en medio de los tuareg, a 700 Kilómetros de In-Salah, sin más vínculo de unión que los correos mensuales. Una vez instalado en su ermita, hace retiro y anota en su diario:

> *Hacer todo lo que me sea posible para ayudar a los pueblos de estas comarcas, con olvido absoluto de mí mismo. Realizar todos los años la jira de los arrhem* [24]*, del Hoggar; aceptar las invitaciones a viajes por el Sahara, si han de ser útiles; si es posible, pasar todos los años algunos días en las carpas de los Hoggar.*

---

[24] Con este nombre se designan las pequeñas colonias de agricultores.

Inmediatamente da comienzo la traducción al tuareg de extractos de la Biblia, con la ayuda de Abden Nebi, harratin de Tamanrasset, a quien abona un precio concertado de antemano y suficiente en aquel país y en aquellos tiempos: veinte céntimos por lección.

La regla de Foucauld sigue siendo la de los Hermanos del Sagrado Corazón, pero ha tenido que hacer en ella dos modificaciones: consagra mucho tiempo al estudio del tamacheq y tiene que salir de su claustro para entrar en contacto con sus vecinos. Así pues, entrará en los huertos donde trabajan los harratines; irá a conversar, alrededor de las carpas diseminadas en la llanura, con los pastores y sus esclavos. Distribuye medicamentos, agujas para coser a las mujeres etc. Más adelante aprenderá a tejer lana para poder enseñar este menester, pues considera que se puede hacer un gran bien con esto. También se ve con Moussa ab Amastane y considera que

en la actualidad, las dos cosas más necesarias en el Hoggar son la instrucción y la reconstrucción de la familia; su profunda ignorancia les hace incapaces de discernir lo verdadero de lo falso y la relajación de la vida de familia, consecuencia de las costumbres y de los divorcios multiplicados, deja crecer a los niños a su aire, sin educación...

El secreto de la vida de Foucauld estaba en la celebración de la Eucaristía y en su adoración prolongada. En una carta dirigida al padre Guerin, con fecha del 2 de abril de 1906, da a entender que tendrá que separarse de Pablo, el antiguo esclavo rescatado de Beni-Abbés y que había traído con él al Hoggar, por su comportamiento moral. Lo que le preocupa también es que no podrá celebrar la Eucaristía al no haber nadie con él, cosa imprescindible en aquellos momentos eclesiales; de no ser así, se requería permiso. Concluye la carta con estas palabras:

Mi alma se halla en paz absoluta. Estoy lleno de miserias, pero sin nada grave que me atormente. Soy feliz y estoy tranquilo a los pies del Bien Amado.

La visita de su amigo Motylinski

Su diario indica, con fecha de 17 de mayo, que Pablo ha abandonado la Fraternidad de Tamanrasset. En sus cartas anuncia una próxima visita:

Espero la visita de mi viejo y excelente amigo Motylinski, antiguo intérprete militar, uno de los hombres más sabios de Argelia, para estudiar el tamacheq. Estoy preparando una gramática, un dic-

cionario tamacheq-francés y francés tamacheq y traducciones de extractos de la Biblia, formando una Historia Sagrada abreviada y una colección de los pasajes que pueden resultar más útiles en este ambiente, de los libros poéticos, sabios y proféticos. Todo esto está ya bastante adelantado y quizás pueda quedar listo dentro de dos o tres meses.

El 3 de junio de 1906 llega Motylinski, permaneciendo con Foucauld tres meses, durante los cuales los trabajos de lingüística realizan grandes progresos. A principios de septiembre los dos amigos parten hacia el norte: Motylinski se separa en El-Golea de Foucauld, y éste, pasa por Beni-Abbés en dirección a la Maison Carré de los Padres Blancos, donde reside unos días junto con el padre Guerin, regresando apresuradamente al Hoggar. El 10 de diciembre abandona Argel con la intención de pasar algunas semanas en Beni-Abbés y regresar después a Tamanrasset.

Por fin un compañero estaba dispuesto a seguir a Foucauld al desierto. El hermano Miguel era un joven bretón que había pasado tres años con los Padres Blancos y otros tres años en un regimiento de África. Buscaba su camino definitivo y creyó encontrarlo al oír los relatos que se hacían del apostolado de Foucauld. Así pues, partieron juntos hacia Beni-Abbés, primero en ferrocarril y después por el desierto. He aquí algún fragmento del relato que hace el hermano Miguel sobre Foucauld:

Permanecí con el reverendo padre Carlos de Jesús del dos o tres de diciembre de 1906, al 10 de marzo de 1907; así pues, viví con él por espacio de tres meses, en la mayor intimidad posible. Puedo afirmar, bajo juramento, que siempre fue para mí un ejemplo edificante, por su tierna devoción al Sagrado Corazón, al Santísimo Sacramento y a la Santísima Virgen María, por su celo ardiente de las almas y su caridad para con el prójimo, por su espíritu de fe, su esperanza firme y su desapego absoluto a todos los bienes de la tierra, por su profunda humildad, su paciencia imperturbable en las contrariedades y, sobre todo, por su mortificación aterradora. Sin embargo, para ser completamente sincero, debo señalar una imperfección, bastante común a los hombres que han ejercido durante mucho tiempo la autoridad, advertida en mi digno superior. De vez en cuando, en las ocasiones en que las cosas no iban a su gusto, se le escapaba un gesto de impaciencia que, por lo demás, era reprimido de inmediato. Aparte de ese ligero defecto, del que ha debido corregirse, estimo que el herma-

no Carlos practicaba en un grado heroico las tres virtudes teologales y las cuatro virtudes cardinales, lo mismo que las virtudes morales que son las consecuencias de aquellas. [25]

La esperanza de un obrero que le sucediera se aleja de nuevo.

Misionero y filólogo

Foucauld, el 6 de mayo de 1907, después de conocer por el coronel Laperrine la muerte del señor Motylinski, escribe al padre Voillard:

Estoy envejeciendo y quisiera ver a otro mejor que yo remplazándome en Beni-Abbés, de modo que Jesús siga residiendo en ambos lugares y las almas salgan más beneficiadas cada vez.

Mientras compra una casita en In-Salah, en pleno barrio. Allí continúa sus estudios del idioma tuareg con Ben Messis, junto con quien, el 8 de marzo, se une a la expedición del capitán Dinaux, que pretende atravesar en pequeñas etapas el Adrar y el Hoggar. Aquí tenemos a Foucauld como misionero y filólogo. Cuando paraban en los campamentos de los pastores, él recogía las tradiciones y las poesías que na-

25   El hermano Miguel entró en un monasterio de Cartujos.

die había escrito y que se conservaban en la memoria:

Documentos preciosos para la gramática y el léxico; en cuanto a la gramática, en caso de duda permiten poner ejemplos; en lo relativo al léxico, se encuentran en ellos muchas palabras que no suelen ser utilizadas a menudo en la conversación... Haré toda clase de esfuerzos para terminar mi diccionario tuareg-francés en el transcurso de este año. He pedido a Laperrine que haga publicar, por quien quiera y como algo de su propiedad, perteneciente a la comandancia militar de los oasis, la gramática tuareg y el diccionario francés-tuareg que ya están terminados, lo mismo que el diccionario tuareg-francés en el que estoy trabajando y las poesías que he coleccionado, con la sola condición de que no figure mi nombre para nada y permanezca enteramente desconocido, ignorado. En el año próximo quisiera no tener otra tarea que la corrección de la traducción anterior de los Santos Evangelios y los extractos de la Biblia y luego no tener otra obra a realizar más que dar el ejemplo de una vida de oración y de trabajo manual, ejemplo que tanto necesitan los tuareg. [26]

....
26   *Carta al padre Guerin, el 31 de mayo de 1907.*

En otra carta al padre Guerin, en Navidad de 1907, da la razón profunda por la que quiere permanecer desconocido:

No son estos medios los que ha dado Dios para continuar la obra de salvación del mundo. Los medios de que se ha servido en el pesebre, en Nazaret y en la Cruz, son: pobreza, humillación, abandono, persecución, sufrimiento y cruz. ¡He aquí nuestras armas! No encontraremos a nadie mejor que Él y Él no ha envejecido!.

Una gran hambruna

El Hoggar sufre una época de gran hambruna. El ermitaño tiene una provisión de trigo que inmediatamente pone a disposición de los pobres, especialmente de los niños. Hay algo que le preocupa, y es la tentativa que realiza Moussa de islamizar el Hoggar. Escribe así al padre Guerin el 22 de julio de 1907:

En Tamanrasset se va a construir una mezquita y un zoco. Será promulgado el diezmo religioso en todo el Hoggar para el sostén de ese zoco, donde probablemente residirá el cadí, y enseñarán el Corán, la religión y el árabe a los jóvenes tuareg. Es la islamización del Hoggar y, por lo mis-

mo, de los Taitoq. Es un hecho muy grave. Hasta ahora, los tuareg, musulmanes poco fervientes, entablan fácilmente relaciones con nosotros, son familiares y francos. Después de que sean penetrados por ese mal espíritu, estrecho, cerrado, tan lleno de antipatía hacia nosotros, será todo muy distinto y es de temer que, dentro de algunos años, la población del Hoggar nos sea más hostil que en la actualidad; hoy existe en ella desconfianza, temor, salvajismo; dentro de unos años, si la influencia musulmana llega a imponerse, será una hostilidad profunda y duradera.

El 31 de enero de 1908, por una carta del coronel Laperrine, le llega la noticia de que puede celebrar solo la Eucaristía. Esta noticia llega en medio de la enfermedad que sufre Foucauld: cansancio general, pérdida completa de apetito y un dolor en el pecho que al menor movimiento que hace parece anticipar su fin. Se ve obligado a observar una inmovilidad absoluta. Para alimentarlo, sus amigos tuaregs van a ordeñar todas las cabras que tienen un poco de leche y llevan ésta a la cabaña del marabito cristiano. Cuando se recupera de aquella sacudida se siente incapaz de esfuerzos manuales un poco pesados y, por tanto, no puede realizar ningún menester de curtidor. Este es su lamento:

*Por un lado, el trabajo humilde constitu-
ye una parte íntima de la vida de Jesús
en Nazaret, modelo de vida monástica;
por otro, nada sería más útil que ese
ejemplo, en medio de estos pueblos do-
minados por el orgullo y la pereza.*

La gravedad de aquella dolencia fue adivi-
nada por sus amigos, y en primer lugar por el
coronel Laperrine, a quien anunció que no podría ir a In-Salah a comienzos de primavera. El
3 de febrero, y el 13 del mismo mes, Laperrine
escribe al padre Guerin. De la primera carta
entresacamos:

*He recibido una extensa misiva de Fou-
cauld; no piensa estar aquí antes del
15 de marzo y todavía no da esta fecha
como segura. Se siente cansado... Esta
carta me preocupa bastante porque,
para que él se confiese cansado y me
pida leche concentrada, es necesario
que se encuentre verdaderamente enfermo.*

Y en la segunda afirma:

*Ha estado más enfermo de lo que quie-
re admitir; ha sufrido desvanecimientos y
los tuareg, que lo han cuidado muy bien,
se han sentido muy intranquilos. Sigue*

mejor. Le he dado una buena reprimenda, porque supongo que sus penitencias exageradas tienen buena parte de culpa de su debilidad, y que el cansancio mental de su trabajo del diccionario ha hecho lo demás. Como la riña no basta, le hemos enviado tres camellos con víveres.

El coronel Laperrine y el capitán Nieger visitaron a Foucauld, lo que fue para éste motivo de una gran alegría, pues no tenía noticias de Europa desde hacía cinco meses. En el verano de 1908, la administración militar resuelve que un destacamento de tropa, que realizará jiras de vez en cuando, será enviado y mantenido en el Hoggar, y que un fuerte va a ser edificado. Laperrine quería llamarlo «fuerte de Foucauld», pero el ermitaño se opuso. El nombre que tomó fue fuerte Motylinski, ubicado a 50 kilómetros de Tamanrasset. Foucauld también se entera de que el año próximo Moussaag Amastane visitará Francia acompañado por un oficial. Se pregunta, y pregunta al padre Guerin, si no sería conveniente que otros tuareg pudieran viajar también a Francia para adquirir alguna idea de ese mundo tan distinto al suyo, vivir con alguna familia francesa por espacio de ocho días, a fin de llevar consigo la convicción de que no somos paganos y salvajes, como se considera en el Hoggar a los europeos. También se entera de que el amenokal del Hoggar está haciéndose construir, con ladrillos cocidos al sol y barro seco, un edificio importante y varios de sus familiares cercanos le imitan.

Pérdida de grandes amistades

El 27 de marzo de 1909 Foucauld está de nuevo en Beni-Abbés para permanecer allí todo el tiempo pascual, ponerse al servicio de todas las personas que se encuentran en aquel lugar, y dar los últimos toques a los Estatutos de la Asociación para el desarrollo del espíritu misionero, de acuerdo con las indicaciones de Monseñor Bonet, que se había interesado por aquel proyecto. Se trataba de una unión de oraciones para interceder por estos pueblos. Después de permanecer casi un mes en la ermita de Beni-Abbés, se pone de nuevo en camino, andando junto a su camello. De nuevo en Tamanrasset se encuentra su ermita un poco más ampliada gracias a los buenos oficios de sus amigos. Una vez instalado reanuda los trabajos sobre el idioma tuareg con igual ardor que antes, deseoso de terminarlos con la mayor brevedad posible «para trabajar más directamente en la finalidad única: ver más a la gente y dar más tiempo a la oración y a las lecturas religiosas».

En el año 1910, dos grandes amistades le son arrebatadas. El 14 de mayo, el correo que viene de In-Salah trae la noticia de que el padre Guerin había muerto, a los treinta y siete años de edad, agotado por las fatigas de la vida del Sahara. Dos días más tarde escribe al padre Voillard:

El buen Dios acaba de infligirnos una dura prueba. Ha perdido usted un excelente hijo y yo un excelente padre; perdido en apariencia, pues se encuentra más cerca de nosotros que nunca... Preparo una acción más activa sobre las almas, haciendo construir, a 60 kilómetros de aquí, en el corazón de las montañas más elevadas del Hoggar, y en lugares donde se hallan instaladas grandes cantidades de carpas, una pequeña ermita donde podrán vivir dos personas. Allí estaré mucho más en el centro de la población que aquí. Tengo el propósito, a partir del año próximo, de repartir mi estancia entre la nueva ermita y la de Tamanrasset... Le pido una oración para mi director espiritual, el padre Huvelin; me dirige desde hace veinticuatro años; no tendría palabras para expresar lo que es para mí y lo que le debo. Las noticias que me dan sobre su salud no son buenas. Cuando llegan cartas temo enterarme de que también él ha terminado su época de destierro.

En efecto, menos de dos meses más tarde, el 10 de julio moría el padre Huvelin. A uno de los Padres Blancos que le dio el pésame, le dice:

Si, Jesús basta; donde está Él no falta nada. Por muy queridos que sean aquellos en quienes brilla un reflejo de Él, es Él quien constituye siempre el Todo. Es el Todo en el tiempo y en la eternidad.

Como si todos los andamios tuvieran que ser retirados del edificio terminado, un tercer amigo debe dejar África: el coronel Laperrine, que había solicitado el relevo, después de haber dejado pacificado todo el país tuareg. Laperrine no regresará al Hoggar hasta mediados de la Primera Guerra Mundial. No volverá a ver allí a su amigo vivo. Es el adiós ignorado, como casi siempre. Antes de abandonar África, el coronel había resuelto el viaje de Moussaag Amastane a Francia. Algunos nobles tuareg acompañaban al amenokal. El jefe del Hoggar, de regreso a África, desde Argel, el 20 de septiembre de 1910 escribe esta carta a Foucauld:

Al honorable, excelente, amigo nuestro y querido entre nosotros, el señor morabito Abed Aissa [27]*: el sultán Moussa*

---

27   *Abed Aissa,* servidor de Jesús.

ben Mastane te saluda y te desea la más elevada gracia de Dios y su bendición. ¿Cómo sigues? Si deseas noticias nuestras, como nosotros te pedimos las tuyas, estamos bien, gracias a Dios, y no tenemos más que buenas noticias que darte. He aquí que acabamos de llegar de París, después de un viaje feliz. Las autoridades de París han estado muy satisfechas de nosotros. He visto a tu hermana y estuve dos días en su casa; también he visto a tu cuñado; he visitado sus jardines y casa. ¡Y tú estás en Tamanrasset como un meskine[28]! A mi llegada te daré todas las noticias detalladamente. Ouani ben Lemniz y Soughi ben Chitach te saludan. Salud!.

El ermitaño del Asekrem

El ermitaño permanece en Tamanrasset hasta fin de año y, a principios de 1911, emprende un segundo viaje a Francia, un poco más largo que el primero, que duró tres semanas en 1911. El 3 de mayo estaba de regreso en Tamanrasset, después de detenerse tan sólo tres días en Beni-Abbés. Después de aquellos cuatro meses de viaje, la calma del Hoggar le pareció dulce y la recepción que le tributaron los

....
28   El *meskine* es el pobre, objeto de piedad por su absoluta
      carencia de todo.

tuareg le conmovió. El 14 de mayo Foucauld escribe a su nuevo director espiritual, el padre Voillard:

En estos momentos, debido a la cosecha, hay aquí mucha gente; me quedaré unas tres semanas a fin de aprovechar esta reunión, ver a unos y otros y hablar con Moussa y dar parte de limosna a los pobres de la vecindad, y luego me iré a Asekrem, la ermita de la montaña para pasar en ella un año, por lo menos. Allí me dedicaré a trabajar con todas mis fuerzas en mis trabajos del idioma tuareg, a fin de poderlos terminar en el plazo de un año y medio... He sido muy bien recibido por toda la población, que realiza grandes progresos en la confianza y también materialmente... Seguramente seguirá a esto un movimiento intelectual.

El 5 de julio Foucauld parte hacia el Asekrem, donde vive en una choza, a 2900 metros de altura. Va a buscar allá arriba, en el frío y en la tormenta, las almas de las que se ha hecho el pastor vagabundo. La sequía ha alejado a los tuareg de las mesetas del Hoggar, induciéndoles a ir a acampar en los valles de la Koudiat, donde hay un poco de pasto verde para los rebaños. Allí hay, por algún tiempo, gran cantidad de nómadas de diversas tribus, que intentan superar el hambre.

Se precisan tres días por lo menos para llegar al Asekrem, meseta rodeada por un paisaje fantástico de cumbres, picos, mesas gigantes y pórticos esculpidos por la naturaleza en las cumbres de las montañas de menor altura. Al norte y al sur nada detiene la vista. Recuerda las primeras edades de la tierra. Los grandes ríos saharianos, secos en la actualidad, se deslizaron por sus flancos. Por todas partes pueden advertirse las huellas de los lechos que abrieron y que siguen, unos hacia la laguna Taoudeni, otros hacia el Atlántico y otros en dirección al Níger, como el río sin agua Tamanrasset[29]. Foucauld gustaba de aquella soledad y lo expresaba así:

29   El padre Foucauld construyó a principios de 1910 la ermita del Asekrem, el punto más alto del corazón del Hoggar. Investigadores del Centro Geológico y Geofísico de la Universidad Montpellier han mostrado que las célebres montañas del Hoggar, constituidas por extraordinarios relieves volcánicos de 30 millones de años de antigüedad y conocidas en el mundo entero por su belleza y por sus habitantes autóctonos, los tuareg, presentan una anomalía gravimétrica, es decir, una disminución del campo de gravedad, que puede haber sido ocasionada por una densidad anormalmente débil del manto superior de la corteza terrestre. Esto quiere decir que en este oasis mineral de silencio «uno es más ligero que en cualquier otra parte del planeta», los científicos han señalado que la ermita que construyó el padre Foucauld, a 2700 m. de altitud, está en el epicentro de esta zona de anomalía. Se ha creído que su presencia en la ermita del Asekrem, en Tamanraset, fue un retiro, como antaño hicieron los Padres del Desierto, pero fue todo lo contrario: partió para vivir la vida de Nazaret con los nómadas más aislados, más pobres que los habitantes de Béni-Abbés. Carlos de Foucauld, como escribe en noviembre de 1911, se instala en el

Es un hermoso lugar para adorar al Creador. Tengo la ventaja de tener muchas almas a mí alrededor y de estar solo en mi cumbre... Esta dulzura de la soledad la he experimentado en todas las edades, desde los veinte años, cada vez que he podido disfrutar de ella. Aun sin ser cristiano, amaba la soledad frente a la hermosa naturaleza, con algunos libros; con mayor motivo debo apreciarla cuando el mundo invisible y tan dulce hace que, en la soledad, uno no se sienta nunca solo. El alma no está hecha para el ruido, sino para el recogimiento, y la vida debe ser una preparación para el cielo, no sólo mediante las obras meritorias sino también por la paz y el recogimiento en Dios. Pero el ser humano se ha lanzado en discusiones infinitas: la poca felicidad que encuentra en el ruido bastaría para demostrar cuán lejos se aparta de su vocación.

En el Asekrem, lo mismo que en Tamanrasset, había elegido el lugar desde donde puede verse más. Su casa no era más que un corredor, construido con piedra y barro, tan estrecho que dos personas no podían pasar juntas. Pero en aquel pobre refugio había una capilla y, en ca-

---

Asekrem, por ser este un lugar de tránsito de las caravanas y el lugar ofrecía grandes ventajas para las relaciones con los tuareg, a los que acogía estableciendo relaciones amistosas.

jones, libros, provisiones etc. Dormía en uno de estos que durante el día le servía de mesa. A su alrededor soplaba el viento, con ruido semejante al de la marea ascendente. El padre Huvelin le había mandado doscientos francos para ayudarle a construir la ermita, y le regaló el altarcito de la capilla. Allí, más de una vez por semana, recibe la visita de familias tuareg, que suben todas de los innumerables valles escondidos en la Koudiat. Es una peregrinación y un viaje de placer a la vez. Vienen de lejos, a veces de una, dos y aún más jornadas de viaje. Por lo tanto es preciso descansar, cenar, pasar la noche... En una carta al padre Voillard, del 6 de diciembre de 1911, el Foucauld se expresa así:

Una o dos comidas tomadas en común, un día entero o medio día pasado juntos, relacionan más estrechamente que un gran número de visitas de media hora o de una hora, como en Tamanrasset. Algunas de estas familias son relativamente buenas, tan buenas como pueden serlo sin el cristianismo. Estas almas se guían por las luces naturales; aunque de fe musulmana, son muy ignorantes del Islam y no han sido muy mimadas por él. Por este lado, la obra que se hace aquí es muy buena. Por último, mi presencia es motivo para que los oficiales vengan al corazón mismo del país.

El resto del día reza o trabaja. Vive con él un informante tuareg, a quien da veinticinco céntimos por hora por el trabajo lingüístico. El enorme trabajo que se realiza, la austeridad de vida y el frío de la llegada del invierno, hacen que a principios de diciembre regresen a Tamanrasset, donde lleva la vida habitual, y donde se entera de la guerra existente entre los italianos y los árabes de Tripolitania.

Repercusiones de la guerra en el Sahara

Sus amigos se sienten inquietos por la repercusión que aquella guerra puede tener en el Sahara. Contesta a uno de ellos:

Tranquilízate, el Sahara es grande; indudablemente los turcos hacen todo lo posible por predicar la guerra santa entre las tribus árabes de Tripolitania, pero eso no nos afecta. Los tuareg, que son tibios musulmanes, sienten la misma indiferencia por la guerra santa, los turcos y los italianos. Todo eso les tiene sin cuidado; lo único que les interesa son sus ganados, los pastos y las cosechas.

En cada una de las páginas de la voluminosa correspondencia del ermitaño de Tamanrasset se advierte preocupación por intentar los mejores medios humanos para elevar a aquel pueblo. Para él la civilización «consiste en estas dos cosas: instrucción y dulzura». Se interesa por todo aquello que pueda ayudar a proteger a los niños, liberar a los esclavos, instruir a los ignorantes y establecer a los nómadas en lugares fijos. Por esto se regocija de la próxima llegada de un comité compuesto de ingenieros, oficiales y geólogos, encargado de estudiar el trazado definitivo del ferrocarril transahariano, y de la noticia de que Marruecos ha pasado a ser protectorado de Francia. Pero en la contestación de una carta ya apunta lo siguiente:

> *Si no cumplimos con nuestro deber, si explotamos en vez de civilizar, lo perderemos todo y la unión que hemos hecho con este pueblo se volverá contra nosotros.* [30]

Llevado por su afán de civilizar, como él lo concibe, proyecta un viaje a Francia acompañado por un joven tuareg. Para esto comienza a preparar a la señora de Blic y a sus primos de Francia, para que reciban a ese visitante vestido con una túnica y que lleva los cabellos trenzados y las mejillas cubiertas con un velo azul. Pero antes de iniciar aquel viaje, el candidato se ve precisado a salir con la caravana integrada por casi todos los hombres válidos

---

30   Cf. J. F. SIX, *El testamento de Carlos de Foucauld*, Editorial san Pablo, Madrid 2005.

del país, para ir en busca de mijo a Damergou. Tanto durante la primavera, como las demás estaciones del año, encuentran a Foucauld en su ermita trabajando con sus manuscritos y libros. Termina el diccionario y se lo manda a Renato Basset para que lo publique «bajo el nombre de nuestro común amigo, el señor de Motylinski».

Cuando los calores arremeten en la meseta de Tamanrasset, un accidente grave interrumpe su tarea: Una víbora de cascabel muerde a Foucauld. Normalmente, esta mordedura es mortal. Al enterarse de lo sucedido los pastores de los alrededores acuden inmediatamente y se encuentran a su amigo sin conocimiento. Curan al ermitaño según su costumbre, aplicando un hierro ardiendo a la llaga, y a la planta de sus pies para que recobre el conocimiento, como así ocurrió. Está muy débil y en todo el valle se busca leche para alimentarlo. Moussa ordena traer dos vacas desde muy lejos para salvarlo. Durante mucho tiempo Foucauld está incapacitado para estudiar y andar, pero termina recuperándose.

El viaje a Francia era uno de los medios que Foucauld pensaba podía ser más útil para acercar a estos dos pueblos: Francia y esta tribu tuareg. Había obtenido contestación favorable de su familia y de los padres Blancos de la Maison-Carrée. Escribe a un amigo:

No llegaré a París hasta el 25 de mayo. Reza por Ouksem: va a casarse con un amor que viene de la infancia. Él tiene cerca de veintidós años y ella, Kaube-chicheka tiene dieciocho. Son parientes próximos y se han criado juntos. Ella es muy inteligente y tiene mucha voluntad.

Los viajeros llegan a Maison-Carrée el 8 de junio y tan solo se detienen dos días. El 10 se embarcan en el Timgad. El 13 realizan la peregrinación a la Santa Gruta y el 15 son recibidos por Mons. Bonnet, obispo de Viviers. De allí siguen viaje a Lyon, donde son acogidos por el coronel Laperrine; luego prosiguen hacia Borgoña. A dos kilómetros de Gisey se encuentra la casa de la familia de Blic. Se trata ahora de darse a conocer, para volver a pasar con ellos unos días, después de ir a saludar a la familia de Foucauld.

Mientras Ouksem aprende a tejer para poder dar luego lecciones a las mujeres de su tribu y se va familiarizando con el tipo de vida de la sociedad francesa de aquel tiempo, Foucauld aprovecha para dar a conocer su proyecto de la Unión de oraciones para la Evangelización de los Pueblos a unas pocas personas elegidas. Confía su proyecto al general Laperrine, a quien visita con Ouksem. Y, camino de Marsella, el 25 de septiembre se detiene en Viviers, para pasar el día con su querido obispo Monseñor Bonnet, quien autoriza «en su diócesis la fundación de la cofradía». Tres días después los viajeros ponen fin a un viaje que ha durado tres meses y medio por Francia. Embarcan hacia África y Foucauld escribe a su hermana:

Excepto en circunstancias excepcionales un misionero no pasa tanto tiempo descansando entre los suyos; el buen Dios, mediante el viaje de Ouksem, ha provocado esa circunstancia excepcional. Le doy gracias de todo corazón... También a ti, lo mismo que a Raimundo y a tus hijos, os doy gracias por las dulces semanas que me habéis hecho pasar y por vuestra extraordinaria bondad para con Ouksem, bondad que tanto bien hace para su alma; advierto que su alegría de volver a reunirse con los suyos se halla un poco enturbiada por la pesadumbre de abandonar a quienes le han recibido en Francia. El apostolado de la bondad es el mejor de todos.

El viaje de regreso tuvo que ser realizado a marcha lenta debido a dos causas: el calor extraordinario que hacía, y el estado lamentable en que encontraron a los camellos, que habían estado mal cuidados. Dejan Maison-Carrée a finales de septiembre y llegan a Tamanrasset el 22 de noviembre.

Desenlace final

El 3 de septiembre de 1914, casi un año después de su regreso, recibe la noticia de que Alemania ha declarado la guerra a Francia, invadido Bélgica y atacado Lieja. Foucauld se da cuenta enseguida de que bandas armadas, reclutadas en Tripolitania, intentarán penetrar los territorios del Sahara predicando la guerra santa contra los franceses. ¿Cuál será su actitud? En una carta del 5 de octubre de 1914 se expresa así:

> *No abandonaré Tamanrasset hasta que haya paz... Nada ha cambiado en el exterior de mi vida tranquila y regular, pues es necesario que los tuareg no adviertan nada que les manifieste un estado distinto al ordinario.*

El 19 de noviembre de 1915 escribe a su amigo Laperrine, con quien mantiene una correspondencia constante, dándole esta notificación:

> *El correo del Azdjer no ha llegado todavía. Pero acabo de saber lo siguiente: el fortín Dehibat de Túnez ha sido atacado por los senusitas, mandados por oficiales de uniforme kaki, con prismáticos y revolver (alemán sin duda). El general Moi-*

nier ha enviado refuerzos. La situación es grave en toda la frontera tunecino-tripolitana.

El 11 de abril de 1916 escribe de nuevo al general Laperrine indicándole que el fuerte francés de Djanet, en la frontera tripolitana, ha sido asaltado a finales de marzo por más de mil senusitas provistos de un cañón y ametralladoras. Y continúa:

Los senusitas tienen el camino libre para venir aquí. Pero la palabra aquí no se refiere a Tamanrasset, donde estoy solo, sino al fuerte Motylinski, capital del país, que queda a cincuenta kilómetros de Tamanrasset. Si se sigue mi consejo, les he dicho que se retiren con la totalidad de municiones y aprovisionamiento a un lugar inexpugnable en la montaña, provistos de agua, desde donde podríamos mantenernos indefinidamente y contra el cual los cañones no pueden hacer nada... No te inquietes si durante algún tiempo no recibes noticias, pues es posible que el correo sea interceptado, lo que no indica que nos haya ocurrido nada malo... Si atacan el fuerte, me reuniré con ellos... Todos estamos en la mano de Dios; no sucederá más que lo que Él permita.

La amenaza era demasiado seria para que la autoridad militar no se preocupara de la protección de Foucauld y de los tuareg que habitaban en Tamanrasset. A principios de 1916 se dispuso la construcción de un fortín para poder resistir un asedio. Formaba un cuadrado de dieciséis metros de lado, rodeado de un foso de dos metros de profundidad. En los ángulos se hallaba reforzada por cuatro torres provistas de almenas, a las que se subía por una escalera interna. El interior estaba dispuesto para poder acoger a un número bastante numeroso de refugiados y de combatientes. La construcción se termina el 15 de octubre de 1916.

Mientras, Foucauld, en una carta escrita a René Bazin el 16 de julio de 1916, expresa cual es la misión de los misioneros aislados:

Su tarea consiste en preparar el camino, de modo que las misiones que le reemplazarán algún día encuentren una población amiga y confiada, almas un poco preparadas para el cristianismo y, si es posible, algunos cristianos... Mi vida consiste en estar en relación lo más posible con cuanto me rodea y prestar todos los servicios que puedo. A medida que se establece la intimidad, siempre o casi siempre a solas, hablo brevemente del buen Dios, dando a cada uno lo que pueda llevar: alejamiento del pecado, acto de amor perfecto, acto de contrición perfecta, los dos grandes Mandamientos del amor a Dios y al prójimo, examen de conciencia, meditación con vistas a las finalidades últimas, deber de la criatura de pensar en Dios, etc., orientando a cada uno según sus fuerzas y avanzando lenta y prudentemente... Mi convicción es que si los musulmanes del norte de África no se convierten poco a poco, se producirá un movimiento nacionalista análogo al de Turquía... El sentimiento nacional o berberisco se exaltará, y cuando la 'elite' encuentre una ocasión propicia para ello, se servirá del Islam como de una palanca para levantar a la masa ignorante y procurará crear un imperio africano musulmán independiente.

Cuánta razón tenían estas palabras vistas con perspectiva histórica...

En varias cartas escritas por Foucauld a su amigo, el general Mazael, podemos descubrir el ambiente previo de los últimos meses de su vida. Así el 1° de septiembre de 1916 le dice:

El rincón del Sahara desde donde te escribo sigue estando tranquilo. Sin embargo se permanece alerta, debido a la creciente agitación de los senusitas en Tripolitania; nuestros tuareg de aquí son leales, pero podríamos ser atacados por los tripolitanos. He transformado mi ermita en un fortín; no hay nada nuevo bajo el sol; viendo mis almenas y mis troneras, pienso en los conventos y en las iglesias fortificadas del siglo X. ¡Cómo vuelven las cosas antiguas y cómo reaparece lo que se creía desaparecido para siempre! Me han confiado seis cajones de cartuchos y treinta carabinas Gras, lo que recuerda nuestra juventud...

En otra carta fechada el 15 de septiembre le informa:

Estos últimos días hemos tenido una gran alarma; trajeron la noticia de que íbamos a ser atacados, pero la noticia fue falsa... La alarma ha servido para demostrar la lealtad de la población: lejos de dar muestras de pretender pasarse al enemigo, se ha reunido alrededor del oficial que comanda el fuerte vecino y alrededor mío, dispuesta a defender el fortín de la ermita. Semejante lealtad me ha resultado muy conmovedora y les estoy muy agradecido. Hubieran podido refugiarse en las montañas, donde nada tenían que temer, pero han preferido encerrarse en el fuerte cercano y en mi ermita, a pesar de saber que el enemigo disponía de cañones y el bombardeo era seguro.

Foucauld tenía la certeza de que sería atacado, pero seguía viviendo solo y tranquilo. En su rostro no aparecía la sombra de la inquietud. A mediados de 1915 había terminado el diccionario tuareg-francés, y, el 28 de octubre, como su diario indica, terminó las poesías tuareg. Pensaba, terminada la guerra, volver a Francia para implantar más sólidamente la Unión de oraciones para la Evangelización. Pero esto no fue posible, pues no entraba dentro de los planes de Dios.

Al sur de Tripolitania, en Fezzan, donde Si Mohamed Labed líder religioso senusita tiene su cuartel general, ha reunido a los tuareg Azdjers, llamados por los Hoggar con el nombre general de Fellagas. Ocupan Rhat, en Tripolitania, plaza que los italianos han abandonado, y donde encuentran víveres, material y municiones de guerra. El fuerte de Djanet que había sido abandonado por los franceses, por dificultades de aprovisionamiento, es tomado por los Fellagas. También había sido evacuado el fuerte de Polignac que estaba situado un poco más al norte. Los camelleros del Fuerte Motylinski siguen y protegen los campamentos dependientes de Moussaag Amastane, que se encuentran con sus rebaños por esta región, pero pueden brindar poca ayuda a Foucauld.

1° de diciembre de 1916

El viernes 1° de diciembre de 1916, al caer la noche, Foucauld está solo en casa. Su sirviente Pablo estaba en el pueblo, lo mismo que dos camelleros del Fuerte de Motylinski, que habían venido para asuntos del servicio y que esperaban la noche para regresar al fuerte. Una veintena de Fallagas estaban en aquellos momentos cerca de Tamanrrasset con el fin de raptar a Foucauld y saquear el fortín, donde sabían que había armas y provisiones. Para llevar a cabo esto reclutaron algunos nómadas tuareg y algunos harratines, con quienes se relacionaba Foucauld, en especial un tal Madani. En total eran unos cuarenta. Madani, conocedor de las costumbres de Foucauld, se acercó a la puerta y llamó. Al cabo de un tiempo llegó éste y preguntó quién era y qué deseaba. «El correo de Motylinski», le contestó. Como era el día que el ermitaño esperaba la correspondencia abrió la puerta y rápidamente se abalanzaron hacia él.

Todo duró menos de media hora. La casa estaba rodeada de centinelas. Entonces uno de éstos dio la alarma de que los militares de Motylinski llegaban. Enseguida estalló un tiroteo. El vigilante de Foucauld apoyó la boca del cañón de su fusil sobre la cabeza e hizo fuego, muriendo éste al instante, lo mismo que los otros dos militares. Despojaron a Foucauld de todos sus efectos y lo arrojaron dentro de la fosa que rodea al edificio. Pasaron la noche comiendo y bebiendo. Por la mañana dieron también muerte a un militar aislado que traía el correo de In-Salah. Al mediodía abandonaron Tamanrasset llevándose el botín. Los harratines dieron sepultura a los muertos, y Pablo salió hacia el Fuerte Motylinski para dar la noticia, donde llegó el 3 de diciembre al mediodía.

El 17 de enero de 1917, Mons. Bonnet, obispo de Viviers, mandó esta carta a la señora de Blic:

Señora, el duelo que le aflige me alcanza también a mí en demasía. Se lo que pierde en la persona del padre Foucauld. En mi larga vida he conocido muy pocas almas más amantes, más delicadas, más generosas y más ardientes que la suya y raras veces he tenido la oportunidad de acercarme a otras más santas. Dios le había penetrado de tal modo que todo su ser desbordaba luz y caridad... No podremos consolarnos de la desdicha si no pensamos que nuestro querido y venerado mártir está más vivo que nunca, que ha dejado de sufrir, pero no ha dejado de querernos.

En contra de la propia voluntad de Foucauld, que quería ser enterrado en el Hoggar, algunos años después, el 18 de abril de 1929, sus restos, excepto el corazón que quedó en Tamanrasset depositado en un cofre, fueron trasladados a El Golea, a más de mil kilómetros de distancia, hacia el norte, y a 950 kilómetros de Argel. El lugar que acoge al tuareg universal es austero, y se encuentra junto a la primera iglesia construida por los Padres Blancos en el Sahara.

V. LA ESPIRITUALIDAD DE CHARLES DE FOUCAULD

Foucauld amó la lectura de algunos escritos de su época, especialmente un artículo titulado «Comment aimer Dieu?» («¿Cómo amar a Dios?») del sacerdote Antoine Crozier [31], que se convirtió en su amigo, le influyó en la creación de una especie de cofradía de hermanos y hermanas del Sagrado Corazón, y le marcó profundamente. El 8 de marzo de 1898 dijo a su director que había leído a santa Teresa de Jesús diez veces en diez años. La lectura de la obra de Teresa de Jesús lo condujo a los escri-

---

31   A. CROZIER, *Comment aimer Dieu, Excelsior* - Association Théotime, 2004.

tos de Juan de la Cruz. Foucauld terminó de leer la obra completa del gran místico español en octubre de 1898 y en lo sucesivo volvería a ella y aconsejaría a menudo su lectura. En marzo de 1898 comenzó la lectura de san Juan Crisóstomo por recomendación reiterada de su director espiritual el padre Huvelin en 1897, sirviéndose de esta para sus meditaciones. Desde su conversión, Foucauld leyó obras de los Padres del desierto: el libro Vies des Pères du Désert [32] fue decisivo en 1887, cuando buscaba la orden más apropiada para él.

Imitación de la vida de Nazaret

La conversión de Foucauld estuvo marcada por las palabras de Henri Huvelin: «Jesús tomó el lugar más bajo, que nadie ha sido capaz de robarle» [33]. Entonces tomó conciencia de que debía querer ese último lugar. Esa idea no lo abandonó nunca al contemplar la vida de Jesús como un continuo descenso, tanto por su encarnación como por su obediencia, abandono, persecución y ejecución, poniéndose siempre en el último lugar.

Esta imitación de la vida oculta de Jesús le condujo a desarrollar una espiritualidad per-

....
32   ANÓNIMO, *Vies choisies des Pères du Désert*, Clasic Reprint.

33   L. LEHURAUX, *Au Sahara avec le Père Charles de Foucauld*, Éditions Baconnier, 1944, 115.

sonal y una visión particular del apostolado. Mientras que los misioneros buscaron tradicionalmente predicar a imagen de la vida pública de Jesús, Foucauld quiso desarrollar su ministerio en el silencio y la discreción, pues concebía su misión como la de vivir la «vida de Nazaret», que interpretaba como una vida oculta en la que ya se desarrollaba la obra salvadora de Jesús.

La Eucaristía

La adoración eucarística, y en particular la adoración nocturna, fue uno de los fundamentos de su espiritualidad. René Voillaume, continuador de sus pasos, señaló en su obra Oración en el desierto 34 (1953) que «Jesús en los evangelios» y «Jesús en la eucaristía» eran los dos polos alrededor de los cuales giró la vida de Foucauld. Para él, la «vida oculta de Jesús» y «Jesús oculto en la eucaristía» compartían la misma lógica. Por esa razón, al retornar a Francia en abril de 1909, pasó una noche en oración con Louis Massignon en la basílica del Sagrado Corazón. Diariamente y a lo largo de su vida, Foucauld dedicó miles de horas a la adoración eucarística, y priorizó esta forma de oración a cualquier otra actividad. Quiso llevar la eu-

---

34   R. VOILLAUME, *Oración en el desierto*, Ediciones San Pablo, Madrid 1972.

caristía a los lugares en los que ella estaba menos presente, concretamente, al Sahara. Desarrolló una concepción novedosa de la eucaristía, que incluía un matiz teológico de cierta originalidad. Creía que la eucaristía irradiaba, llenaba de gracia y permitía, por su sola presencia, no solo la santificación de las personas que comulgaban sino además la de aquéllos que vivían cerca. Se trataba de la «irradiación eucarística» del pan sagrado.

Un apostolado innovador

Su deseo de imitar la vida oculta de Jesús le llevó a innovar radicalmente el modo de realizar su apostolado, que no concebía como una estrategia sino como una búsqueda de ser ejemplo de vida cristiana en el quehacer cotidiano, una «presencia cristiana» entre poblaciones no cristianas, en el que conducía una vida similar a los demás pero buscando imitar la vida de Jesús. El estudio de la lengua tuareg le ayudó a integrarse plenamente en este proceso de aceptación, de comprensión y de ayuda a las poblaciones.

Para Foucauld, este conocimiento del otro debía conducir a la búsqueda de su bienestar material, a través de la educación y del progreso técnico, intentando además desarrollar la inteligencia del otro y su dignidad sin esperar nada a cambio. Al anotar en su diario lo que le había dicho el padre Huvelin en su viaje a Francia de 1909, Foucauld plantea lo que denomina el «apostolado de la amistad»:

Mi apostolado ha de ser el apostolado de la bondad. Al verme ha de decirse: «puesto que este hombre es bueno, su religión ha de ser buena». Si se pregunta por qué soy dulce y bueno, tengo que responder que porque soy servidor de uno mucho más bueno que yo. ¡Si supierais lo bueno que es mi maestro Jesús! [35]

En diferentes momentos de su vida, Foucauld rechaza para sí el término «misionero»:

Monseñor Guérin tendría una leve y discreta tendencia a transformar mi vida de monje silencioso y escondido, mi vida de Nazaret, en una vida de misionero. Yo no seguiré esta última tendencia, pues creería ser muy infiel a Dios, que me ha dado la vocación de vida oculta y silenciosa y no la de hombre de palabras. Monjes y misioneros son, unos y otros, apóstoles, pero de manera diferente. En esto no cambiaré y seguiré el camino que [...] estoy siguiendo hace catorce años: vida

---

35   *Diario*, 1909.

oculta de Jesús, junto con otros si Jesús me los envía, solo si me deja solo [36].

«Mi vida no es aquí la de un misionero, sino la de un ermitaño», escribió a Henri de Castries el 28 de octubre de 1905. Y el 2 de julio de 1907, escribió a monseñor Guérin: «Yo soy monje, no misionero,hecho para el silencio, no para la palabra». Desarrolló un apostolado de presencia silenciosa,«desconocido». En su correspondencia, Foucauld se manifestaba convencido de que esta presencia era esencial con el fin de «roturar», es decir, de preparar la tierra como primera etapa en el camino de la evangelización. Para Foucauld, el primer apostolado era el que pasaba por «la bondad, el amor y la prudencia».

Foucauld, paradigma de la conversión y antecedente del diálogo interreligioso

El cambio de vida de Foucauld, tan drástico como decisivo, hace de él uno de los paradigmas de la conversión en nuestros tiempos contemporáneos. Se lo considera entre los conversos más famosos de la historia, junto con Pablo de Tarso, Agustín de Hipona, Francisco de asís, Ignacio de Loyola y Edith Stein entre otros. Diferentes opiniones de René Voi-

36   *Carta al padre Huvelin*, 10 de junio de 1903.

llaume, de Ali Merad, e incluso del Comité «Islam en Europa» del Consejo de las Conferencias episcopales europeas y de la Conferencia de Iglesias europeas, mostraron a Charles de Foucauld como pionero en el diálogo entre el cristianismo y el islam y que fue mentor del gran islamólogo Louis Massignon, que difundió una visión renovada del islam. Así que se le considera como una de las figuras preparatorias del camino de diálogo interreligioso que alcanzó una expresión especialmente intensa en la declaración Nostra aetate y en la constitución dogmática Lumen gentium del Concilio Vaticano II.

VI. LOS FRUTOS DE UNA ENTREGA

A la muerte de Foucauld en Tamanrasset, había cuarenta y nueve inscritos, entre los que se encontraba él mismo en la lista de miembros de la Unión de Hermanos y Hermanas del Sagrado Corazón de Jesús, Asociación privada de fieles, que creó él creó y en la que trabajó para ponerla en marcha en los últimos años de su vida, y para la que escribió el Directorio 37. «Y todo quedó destruido a su muerte», escribió el P. Laurain, secretario de la Unión, y todos piensan que el grupo se va a extinguir apenas iniciado. Todos excepto uno, Luis Mas-

<hr>

37   J.L. VÁZQUEZ BORAU, *Consejos evangélicos o Directorio de Carlos de Foucauld*, BAC, Madrid 2005.

signon, que conoció a Foucauld por primera vez en 1909, y mantuvo correspondencia con él hasta su muerte. Hace todo lo que puede para mantener con vida la Unión tan querida por su «hermano mayor». Y lanza la Asociación Charles de Foucauld, para la que obtiene la autorización del cardenal Amette. Y, sobre todo, «conquista» al novelista René Bazin, que había entrado también en contacto con Foucauld, para que escriba una biografía sobre él. Este libro, aparecido en 1921 con el título de Charles de Foucauld, explorateur au Maroc, ermite au Sahara, siendo el primero en presentar lo esencial de su mensaje. A partir de esta biografía surgirán distintos grupos y congregaciones, que encuentran apoyo en la Asociación y en Massignon, que poco a poco se irá distanciando de la Asociación, pero continuará animando hasta su muerte un grupo de hombres y mujeres, laicos, religiosos, religiosas y sacerdotes, que se inspiran en la espiritualidad del Directorio. En 1947 le da al grupo el nombre de Sodalidad del Directorio. Este grupo de los orígenes se llama hoy Unión-Sodalidad y cuenta con miembros en todos los continentes.

Nuevos seguidores

En 1923 Suzanne Garde empieza a pensar en una presencia en el norte de África:

«La evangelización la harían las mujeres. Comenzando por un dispensario, un taller, con todo lo que pudiera hacernos amables para los árabes». El Grupo Charles de Foucauld comienza así en Argelia, primero en Tlemcen y luego en El-Bayad, y a partir de 1945 en Dalida, cerca de la frontera con Túnez. Con la llegada de la guerra de independencia argelina se repliega a Francia, y en 1968 se establece en Bon Encontre, cerca de Agen.

En la misma época nacía en Túnez el grupo de *Infirmières de Notre Dame de Cartaghe* (Enfermeras de Ntra. Sra. de Cartago), bajo el impulso del obispo de Cartago y Túnez. El mismo obispo había dado en 1924 «el hábito de Foucauld» a Charles Henrion y a Émile Malcor. Los últimos miembros del grupo de enfermeras tendrán que replegarse a Francia en 1961 (con el padre Henrion), y se establecen en Villecroze, en el Var. Actualmente el grupo como tal ya no existe.

En 1927 el padre Albert Peyriguère se establece en Marruecos. Allí se quedará en el Atlas Medio marroquí, hasta su muerte en 1959; el P. Michel Lafon continuará esta presencia de «monje-misionero», según la expresión de Foucauld que el padre Peyriguère había hecho suya.

Comunidades religiosas

Algunos años más tarde aparecen las primeras comunidades religiosas. En agosto de 1933, en torno a la Hna. Marie-Charles nace la fraternidad de Hermanitas del Sagrado Corazón, cerca de Montpellier. Un mes más tarde, Rene Voillaume y otros cuatro hermanos toman el hábito de los Hermanitos de Jesús, y fundan su primera fraternidad en Argelia. En 1939, en Argel, pronuncian sus votos como Hermanitas de Jesús la Hta. Magdeleine y una compañera, y se establecen en Touggourt, entre los nómadas. Con distintos matices los tres grupos quieren ser comunidades contemplativas y misioneras. Los Hermanitos de Jesús y las Hermanitas del Sagrado Corazón vivirán primero de una forma más bien «monástica». Los años que siguieron a la segunda guerra mundial, para los primeros, y el Concilio Vaticano II, para las segundas, traerán un cambio de estilo de vida y la constitución de pequeñas fraternidades en ambientes populares, como ya vivían las Hermanitas de Jesús. La palabra clave es «Nazaret» como forma de vida religiosa: para buscar el rostro de Dios, seguir el camino que Jesús siguió, el de compartir la vida ordinaria en el día a día. Se establecen fraternidades en los cuatro partes del mundo, en ambientes desfavorecidos o degradados.

Hay que mencionar también, aunque el grupo ya no existe, a la Unión des Nazaréennes de Charles de Foucauld (Unión de Nazarenas de C. de Foucauld), fundada en 1947 por Magdalena de Vimont, en Burdeos. Quedó impactada por la lectura del Directorio y por el contacto con los enfermos mentales, a los que se dedicó el grupo.

Publicación «En el corazón de las masas»

En 1950 el padre. Voillaume publica *En el corazón de las masas*. Este libro presenta el modo de vivir de los Hermanitos de Jesús y su manera de seguir y de entender el mensaje de Foucauld. Y porque parece que es necesario explicar lo que en ese momento aparece como novedad, insiste sobre la vocación de todo cristiano a una vida de amistad con Dios en el corazón del mundo. La influencia de este libro fue considerable ya que a través de él conocerán muchos a Charles de Foucauld y su espiritualidad. El padre Voillaume ayudará con sus consejos a los grupos que aparecen en este período

También en 1950 Mons. de Provenchères, obispo de Aix-en-Provence, reconoce oficialmente la Fraternidad Secular Charles de Foucauld, llamada al principio «Fraternidad Charles de Foucauld». Pero de hecho, muchos años antes en varias ciudades de Francia grupos de cristianos habían adquirido la costumbre de reunirse con regularidad para ayudarse a seguir a Jesús y a vivir el Evangelio con el espíritu de Foucauld. La Fraternidad Secular está hoy muy viva en todos los continentes, y cada año nacen grupos nuevos. Es el grupo más numeroso de la «Familia». En el seno de este grupo, algunos sacerdotes se acostumbraron a reunirse aparte con el deseo de dar a su vida y su ministerio presbiteral el estilo evangélico de Foucauld. Así nació en 1951 la «Unión sacerdotal», que en 1976 tomará el nombre de Fraternidad Sacerdotal Iesus Caritas. Hoy está presente en todos los continentes.

Por los mismos años, algunas jóvenes cristianas sienten la llamada a una vida contemplativa vivida en celibato, vinculada con votos, conservando sus compromisos socio-profesionales y sin adoptar la forma de una vida religiosa en comunidad. Así nace en 1952, en torno a Margarita Poncet la Fraternidad Iesus Caritas, que será reconocida oficialmente como Instituto Secular femenino. De este grupo nacerá en 1991 la Fraternidad Charles de Foucauld, asociación de mujeres laicas comprometidas con el celibato.

A partir de la experiencia de los Hermanitos de Jesús, el padre Voillaume piensa en unas comunidades que pudieran encargarse de extender la Buena Nueva entre las poblaciones más desfavorecidas y preocuparse de su promoción humana. Y funda en 1956 los Hermanitos del Evangelio, y luego, en 1963, las Hermanitas del Evangelio.

Association Charles de Jesús –Père de Foucauld

Ante el florecimiento de tantos grupos vinculados al padre Foucauld, se ve la necesidad de una «reunión que concrete la unidad fraternal dentro del respeto a las distintas vocaciones, en la fidelidad común al mensaje dejado por Foucauld» (hermanita Magdeleine). Por otra parte, en el contexto de la descolonización algunos grupos, sobre todo en Francia, tratan de hacer de Foucauld el defensor de la «civilización cristiana» contra la marcha hacia la independencia de los pueblos del Magreb. Surge también el deseo de crear una Asociación representativa que pueda responder y explicar que el mensaje del «hermano universal» no se debe deformar. Así pues, se organiza una reunión en Beni-Abbés, del 14 al 16 de noviembre de 1955. En torno a Mons. Mercier, obispo del Sahara, anfitrión del encuentro, y de Luis Massignon, participan Mons. de Provenchères, obispo de Aix-en-Provence, amigo y protector de los distintos grupos desde el principio, Mons. Duperray, obispo de Montpellier, el P. Peyriguère y representantes –muchos de ellos, fundadores- de los distintos grupos existentes en el momento. La oración y el intercambio marcan este encuentro-peregrinación. Allí se decide la creación de la Association Charles de Jesús –Père de Foucauld, con el objetivo de «expresar la unidad de la espiritualidad que anima a los distintos grupos que quieren ser seguidores del pensamiento religioso y la espiritualidad de Charles de Foucauld; dar a conocer la figura y los escritos de su fundador; defender, llegado el caso, su memoria y el sentido de su mensaje contra las deformaciones a las que están expuestos». Se decide también que el boletín Iesus Caritas será el lazo de unión entre todos los grupos, expresando su espiritualidad común. La asociación se llama hoy Asociación Familia Espiritual Charles de Foucauld (*Association Famille Spirituelle Charles de Foucauld*). Normalmente, está abierta a acoger nuevos miembros. No es una característica esencial, pero resulta interesante destacar que todos estos grupos nuevos han nacido fuera de Francia, primero en Europa, y luego en otros continentes.

La familia Foucauld sigue creciendo

El 15 de agosto de 1966 es la fecha del nacimiento oficial de las Hermanitas de Nazaret, en Gante (Bélgica). Se trata de un grupo de jóvenes, comprometidas con el mundo obrero en la JOC, que quieren inspirarse al mismo tiempo en el mensaje de Foucauld y en el del Cardenal Cardijn: encontrar una forma de vida religiosa marcada por el compartir la vida de los medios populares, y anunciar, con su modo de vivir y actuar, a toda persona con la que se encuentran, que «su vida vale más que todo el oro del mundo».

También al principio de los años 60, en Cataluña (España), Pedro Vilaplana queda impresionado por la lectura del *Itinerario espiritual de Charles de Foucauld*, de Jean François Six y por las cartas del P. Peyriguère. En torno a él se forma una comunidad de jóvenes que se consagran al Señor en el matrimonio, cada hogar constituye una fraternidad, o en una vida de celibato vivida en pequeñas fraternidades. Los primeros compromisos se hacen en 1968, constituyendo la Comunitat de Jesús.

En 1969, en la diócesis de Foligno (Italia), el obispo reconoce una pequeña comunidad surgida en su diócesis, la Comunità dei Piccoli Fratelli di Jesús Caritas, fundada por Giancarlo Sibilia, con el apoyo de Carlo Carretto. Se trata de sacerdotes que desean vivir en comunidad monástica con una fuerte vida fraternal, ejerciendo su ministerio pastoral para las diócesis.

En Haití, nacen los Hermanitos y Hermanitas de la Encarnación, los primeros en 1976; las segundas en 1985, en torno a FrancklinArmand y EmmanuelleVictor. En ese país, marcado por la pobreza y toda suerte de dificultades, quieren hacerse «campesinos con los campesinos a causa de Jesús y de su Evangelio», y trabajar en la promoción y evangelización del mundo rural.

En la diócesis de Bangui, en la República Centroafricana, arranca en 1977 una comunidad religiosa femenina, las Hermanitas del Corazón de Jesús, En un país de los más pobres del planeta, sacudido por los disturbios políticos durante años, una presencia fraternal, entregada a la oración, acogedora para toda persona, poniéndose al servicio de la gente, constituye un espacio de paz muy bien venido.

En 1980 se constituye en Canadá una comunidad monástica, los Hermanitos de la Cruz, fundada por el P. Michel Verret, hno. Michel Marie de la Croix. Siguiendo a Charles de Foucauld, quieren vivir en el marco del monasterio una vida fraterna «familiar», abierta a la acogida y al acompañamiento de toda persona que se presente.

El último grupo recibido en la familia es un grupo fundado en Vietnam a principio de los años 80, con miras a convertirse en instituto secular. El nombre vietnamita cuyas iniciales son AEPS, significa Hermanos y Hermanas para el servicio. El grupo tiene una rama masculina y otra femenina, así como una rama de asociados.

¡Ahí está la gran familia de un hombre que murió solitario! ¡Y la familia de los y las que encuentran en Foucauld un inspirador para su vida no se termina con la lista de miembros de la Asociación! Existen otros grupos, como La Comunidad Ecuménica Horeb Carlos de Foucauld, que es una unión espiritual de personas, que ya vivan solas o casadas, sean religiosos o religiosas, sacerdotes u obispos, a lo largo y ancho del mundo, bajo el espíritu del Directorio de Charles de Foucauld, hacen el compromiso ecuménico de pedir todos los días por la unión de los cristianos y que las Iglesias, las Religiones y las Naciones se dejen conducir por el Espíritu de Jesús, el Cristo. Fue fundada, como lugar físico de «acogida y oración» en 1978, por José Luis Vázquez Borau, en el Poblado de San Francisco de Huercal-Overa (Almería) y funcionó así hasta 1982. En Pentecostés del año 2006 ha recibido un nuevo impulso que ha hecho que se vayan formando Fraternidades Horeb por todo el mundo. Fue reconocida «ad experimentum» como Asociación privada de fieles, el 19 de junio de 2014, por el Cardenal de Barcelona Mons. Luis Martínez Sistach y el 20 de junio de 2018 el Cardenal Juan José OmellaOmella, Arzobispo de Barcelona, firmó el decreto de constitución definitiva de la misma como asociación privada de fieles. En la actualidad hay presencia de la CEHCF en catorce países.

En cuanto a la Asociación, actualmente se reúne en Asamblea cada dos años. Es una ocasión para que los responsables de los distintos grupos se encuentren y se comuniquen. Entre asambleas, hay un equipo elegido por la Asamblea, que se encarga de la coordinación. Durante muchos años, mientras vivían en este mundo, Mons. de Provenchères, el padre Voillaume o la Hta. Magdeleine marcaron fuertemente estas reuniones y la vida de la Asociación. Actualmente los responsables, que se suceden según las normas, mantienen estos encuentros con regularidad; tratan de ahondar juntos en el mensaje de Foucauld y de descubrir la riqueza y la variedad de las respuestas que presenta cada grupo. Saben que son distintos, pero animados por un espíritu común, como el arco iris, que necesita todos los colores para alcanzar su esplendor. [38]

Beatificación de Charles de Foucauld

La apertura de la causa para estudiar su beatificación y canonización se produjo en 1927. El proceso se interrumpió durante la guerra de Argelia, pero se reemprendió más tarde. En la fase romana, los trabajos pasaron por diferentes etapas, hasta que el 20 de octubre de 2000 una comisión de nueve teólogos se pronunció unánimemente a favor de la práctica heroica de virtudes cristianas por parte de Charles de Foucauld. El 9 de febrero de 2001, la Congre-

---

38   Cf. www.carlosdefoucauld.org

gación para las Causas de los Santos ratificó esa misma tesis, lo que permitió que el papa Juan Pablo II firmase el decreto de heroicidad de sus virtudes el 24 de abril de ese mismo año y lo declarase venerable. El 1 de marzo de 2003 se había producido el primer reconocimiento por parte de la archidiócesis de Milán de un milagro porsu intercesión. La ratificación del mismo pasó por las etapas preceptivas hasta la firma del decreto vaticano que lo reconocía para la Iglesia universal. El13 de noviembre de 2005 fue proclamado beato en una celebración presidida por el cardenal José Saravia Martins, prefecto de la Congregación para las Causas de los Santos durante el papado de Benedicto XVI. Sus reliquias se veneran en la abadía Nuestra Señora de las Nieves.La Iglesia católicacelebra su festividad el1 de diciembre.

BIBLIOGRAFÍA

Escritos de Charles de Foucauld

Cahiers Charles de Foucauld; Reconnaissance au Maroc, 1883-1884. Ouvrage illustré de 4 photogravures et de 101 dessins d'après les croquis de l'auteur, Challamel et Cie Editeurs, Librairie Colonial, París, 1888; Tr. Viaje a Marruecos, Terra Incognita, Palma de Mallorca, 1998.

Considerations sur les Fêtes de l'anné, Nazaret 1897-1898.

Correspondances sahariennes, Cerf, Paris, 1998.

Petites remarques sur la sainte Bible, Nazaret,1898.

Méditations sur les saints Évangiles, Beni Abbès, 1905.

Directoire, 1ª. ed.,París, 1918.

Ecrits spirituels, de Girord, París, 1923.

Lettres à Henry de Castries, Grasset, París, 1938.

Lettres à l'Abbé Caron, Bonne Presse, París, 1947.

Lettres à Mme de Bondy, DDB, París, 1966.

Lettre à Garnier 23.02.1913, Archivos de la Postulación.

Père de Foucauld-Abbé Huvelin, Correspondance inédit, Tournai, Desclée, París, 1957.

Charles de Foucauld intime, La Colombe, París, 1952.

Croquis sahariens, Jean Maisonneuve, París, 1985.

Carnets de Tamanrasset 1905-1916, Nouvelle Cité, París, 1986.

BARRAT, D., *Oeuvres spirituelles de Charles de Jesús, pere de Foucauld*. Du Seuil, París, 1958.

Del trabajo lingüístico de Charles de Foucauld hay una obra monumental. En vida se publicó bajo el nombre de Motylinski, *Grammaire et Dictionaire Français-Touareg, 1908*. Después de la muerte de Foucauld (1916) se han publicado los siguientes textos, con su nombre y en contra de su voluntad:

Dictionnaire abrevé touareg-français, Carbonel, Alger, t. I, 652p. (1918); t. II, 791 p. (1920)

Dictionnaire abrevé touareg-français des noms propes, Larose, París, 1940, 362 p.

Dictionnaire touareg français, Imprimerie Nationale, 1951, 4 vol. 2028 p.

Poesies touaregues, Leroux, t. I, 1925, 658 p. t.II, 1930, 461 p.

Chantstouaregs,Albin Michel1977, con introducción de Dominique Casajus.

Textes touaregs en prose, Edisud, Aix en Provence, 1984, 359 p.

Notes pour servir a un essai de grammaire touaregue, Carbonel, Alger, 169 p.

Escritos sobre Charles de Foucauld

ANÓNIMO, *Charles de Foucauld intime*, La Colombe, París, 1952.

BAZIN, *R., Charles de Foucauld*, Plon, París, 1921; *Charles de Foucauld, explorateur du Maroc, ermite du Sahara*, Plom, París, 1921; tr. *Charles de Foucauld, explorador de Marruecos, ermitaño en el Sahara*, Difusión, Tucumán (Buenos Aires), 1930.

BONNETE, IN., *L'oeuvre des médicins sahariens, collaborateurs du Père de Foucauld au Hoggar*, Bulletin du comité d'études historiques et scientifiques de l'AOF–Tome 19–n°2-3–Avril-Septembre 1936.

BORRIELLO, L., *El mensaje espiritual de Carlos de Foucauld*, Sal Terrae, Santander, 1981.

CARRETTO, C., *Diario espiritual* 1.(El Abiodh, 1954-1955), Ediciones Paulinas, Madrid, 1991; *Dichosa tu que has creido*, Ediciones Paulinas, Madrid, 1980.

CARROUGES, M., *Charles de Foucauld, explorateur mystique*, Cerf, París, 1954.

CHATELARD, A., *Carlos de Foucauld, el camino de Tamanrrasset*, San Pablo, Madrid, 2003.

CROZIER, A., *Comment aimer Dieu, Excelsior* - Association Théotime, 2004.

DAIKER, A., *Hermanita Magdeleine*, Sal Terrae, Santander, 2003.

DESTREMAU, C. MONCELON, / J., *Louis Massignon*, Éditions Le Capucin,París, 2005.

GIBERT-LAFON, A., *Échos des entretiens de l'Abbé Huvelin*, Roblot, París, 1917.

GIRÓ, R., *Albert Peyriguère*, Jesus Caritas n° 22, Murcia, 1980.

GARRETTO, C., *Diario espiritual 1.(El Abiodh, 1954-1955)*, Ediciones Paulinas, Madrid, 1991.

GORRÉE, G., *Sur les traces du père de Foucauld*, La Colombe, París, 1953.

GORRÉE-CHAUVEL, *Foucauld y Peyriguère. Misioneros que no colonizaron*, Editorial Zyx, Madrid, 1968.

HERMANITAS DE JESÚS, Un canto a la amistad, Noticias de Fraternidad, N° 4, Noviembre 2003.

LOS HERMANOS DE JESÚS, *Noticias de Fraternidad*, N° 8, II semestre 2009.

KERY ELL, J., *Jardin donné. Louis Massignon, à la recherche de l'Absolu*, Editions Saint-Paul, París, 1993.

LAFONT, M., *El Pare Peyriguère*, Publicacions de l'Abadia de Montserrat, 1974; *Carlos de Foucauld*, Ciudad Nueva, Madrid, 2005.

LEHURAUX, L., *Au Sahara avec le Père Charles de Foucauld*, Éditions Baconnier, 1944.

MÁRQUEZ, M., Carlos de Foucauld: aventurero de Dios, explorador del último lugar, Revista Espiritualidad, 64, Madrid, 2005.

MASSIGNON, L., *La Pasión de Halläj*, Paidós Orientalia, Barcelona 1999 ;*L'Hospitalitésacrée, Nouvelle cité, Paris, 1987*; *Foucauld en el desierto ante el Dios de Abraham, Agar e Ismael*, Opera Minora, t. III, Beirut 1963.

PEYRIGUERE, A., *Dejad que Cristo os conduzca*, Nova Terra, Barcelona 1966; *Los caminos de Dios*, Nova Terra, Barcelona, 1968; *El tiempo de Nazaret*, Nova Terra, Barcelona, 1967.

PORRA BROTONS, M., *La radicalidad evangélica de Carlos de Foucauld*, San Pablo, Madrid, 2011.

POITTIER, R., *La vocation saharienne du Père de Foucauld*, Plon, París, 1939.

RECONDO, J. M. *La oración en René Voillaume*, Facultad de Teología, Burgos, 1989; *El camino de la oración en René Voillaume*, Jesus Caritas, 1-3/2003.

RODRIGUEZ CARMONA, A., *El cristianismo naciente*, BAC, Madrid 2018.

SERPETTE, M., *Foucauld au desert*, Desclée de Brouwer, París, 1997; *Carlos de Foucauld en el Sahara bajo control francés*, en El testamento de Carlos de Foucauld, Editorial San Pablo, Madrid, 2005.

SIX, J. F., *Carlos de Foucauld. Itinerario espiritual*, Herder, Barcelona, 1988; BoletínJesús Caritas, No.1, 1992; *L'Aventure de l'amour de Dieu-80 lettres inédites de Charles de Foucauld à Louis Massignon*, Seuil, París, 1993; Vie de Charles de Foucauld, Editions du Seuil, París, 1962; El testamento de Carlos de Foucauld, San Pablo, Madrid, 2005; Charles de Foucauld, *Le Livre Ouvert*, Mesnil Saint-Loup (France) 2005; *La posterité de Charles de Foucauld*, Etudes N° 3971-2 (2002).

SUESCUN, J. M., Carlos de Foucauld en el Sahara, entre los tuareg, Desclée de Brouwer, Bilbao, 1994.

VÁZQUEZ BORAU, J. L., *Consejos evangélicos o Directorio de Carlos de Foucauld*, BAC, Madrid, 2005; *Volver a Nazaret, conducidos por Carlos de Foucauld y Luis Massignon*, PPC, Madrid, 2004; *Carlos de Foucauld y la espiritualidad de Nazaret*, BAC, Madrid, 2001; Carlos de Foucauld, Fundación Emmanuel Mounier, Madrid, 1999; *El camino espiritual de Carlos de Foucauld*, San Pablo, Madrid, 2008; Vivir Nazaret, un mes con Carlos de Foucauld, San Pablo, Madrid, 2008; *Carlos de Foucauld y convertidos del siglo XX*, Edibesa, Madrid, 2009; Beato Carlos de Foucauld, Edibesa, Madrid, 2010; El Evangelio de la amistad, DDB, Bilbao 2011; *Vida de Carlos de Foucauld*, Editorial San Pablo, Madrid 2012; *365 días con Carlos de Foucauld*, Editorial San Pablo, Madrid 2012; *La estela de Carlos de Foucauld*, Mensajero, Bilbao 2016 y *Espiritualidad del desierto con Carlos de Foucauld*, San Pablo, Madrid 2018.

VOILLAUME, R., *En el corazón de las masas*, Studium, Madrid, 1962 y San Pablo, Madrid 2011; *Por los caminos del mundo*, Marova, Madrid, 1973; *LettresauxFraternités I*, Cerf, París, 1960; *LettresauxFraternités III. Sur les chamins des hommes*, Cerf, París, 1966;Oración en el desierto, Ediciones San Pablo, Madrid 1972; *El-Abiodh-Sidi-Cheikh. Hitoire des origines de la Fraternité des Petits Freres de Jésus, 15 vol.*, ediciónpolicopiada, Tre Fontane (Roma) 1982; *Au coeur des mases*, Cerf, París, 1950; Au coeur des mases, 2 vol., Cerf, París, 1969; *Règle de vie des Petits Fréres de Jesús*, 7 fasc., ediciónpolicopiada, 1962 ; *La contemplación hoy*, Sígueme, Salamanca, 1975.

Imágenes

https://www.google.com/search?q=carlos+de+foucauld&rlz=1C1GCEA_enES830ES830&source=lnms&tbm=isch&sa=X&ved=0ahUKEwjnkK-D0pvjAhUz5uAKHc1HAwcQ_AUIESgC&biw=1366&bih=657#imgrc=9Ub3cD-VVkBumeM:

9 788412 031553